생각을 전하는 기호

교육활동 프로그램 02

생각을 전하는 기호

서울여자대학교 부속유치원 지음

(주)교 문 사

이 책의 순서

I. 주제를 시작하며

CONTENTS

Ⅱ. 주제 전개과정

CONTENTS

Ⅲ. 교사를 위한 교육활동안

I 주제를 시작하며

I 주제를 시작하며

1. 주제 선정의 이유

기호란 인간의 지식 · 의지 · 감정을 어떤 물리현상을 통하여 나타내는 하나의 표현형식으로 간단하게 다른 이에게 뜻을 전달하기 위한 매개체라고 볼 수 있다. 인간의 커뮤니케이션 행동이라는 것은 상당히 다원적(多元的), 다종(多種) · 다양(多樣)한 형태를 취하므로 기호의 종류도 다양하다. 또한 정보는 기호의 집합체이고, 기호는 정보를 구성하는 기본적인 단위가 된다. 정보화 시대를 살아가는 어린이들은 많은 정보와 기호에 노출되어 있고 스스로 정보를 올바른 방법으로 건강하게 취하는 방법을 익히지 않으면 안 된다.

기호는 인류의 역사와 함께 그 변화와 발달을 거듭하였고 인간의 생각이나 감정을 다각적으로 나타내 전해 주는 매개체로 활용되었다. 이렇듯 기호를 사용하여 의사를 전달하는 것은 인간만이 가지고 있는 고유한 특질이라고 할 수 있을 것이다. 인간은 기호를 생활, 과학 그리고 예술에서도 사용하여 그 뜻을 교환한다.

말과 글, 숫자는 기호의 한 종류이다. 여기서 숫자는 개수를 나타내는 기호로서 수를 기록해 둘 필요가 생겼을 때 발명된 것이므로 그 역사는 오래되었다.

처음에는 벽이나 지면, 판자 등에 필요한 수만큼 줄을 긋는 일들이 행해졌으나 점차 그것을 하나의 기호(記號)로서 표시하기 시작하였다. 기호도 사람의 필요에 의해 변화할 수 있다는 좋은 예인 것이다.

유아들도 나름의 기호에 대한 이해가 있다. 자라면서 가깝게는 공공건물의 표시나 신호등을 보면서, 성인이 표지판, 안내판을 보며 기호를 이해하는 것을 같이 관찰하면서 기호의 편리함을 알게 되며 가끔 전혀 다르게 창의적으로 해석해 보기도 한다. 가장 기본적인 안전이나 생활의 편리를 위한 기호는 사회적 약속이며 개인이 혼자 의미를 마음대로 정할 수 없다는 것을 경험을 통해 습득한다.

방대한 기호를 한 번에 아우르는 것은 불가능하지만 실제 생활에서 시작하여 유아들이 과학적으로 기호를 탐색하고 다양한 의미를 알아보며 변화과정을 살펴볼 수 있도록 하였다. 또한 올바른 정보의 습득을 교육하고 다음 시대의 기호를 새로이 발명할 수 있도록 주제를 계획하였다.

2. 주제의 주요 개념

1) 기호의 특성

① 기호는 독특한 특성을 지닌다.
② 인간의 생각이나 느낌, 의지 등을 전달하기 위해 기호를 쓴다.
③ 과거의 기호가 현재에 통용되지 않는 경우가 있다.
④ 기호는 시대에 따라 뜻이나 형태가 변화할 수 있다.

2) 기호의 종류

① 안전한 생활, 편리한 생활을 위한 기호들이 있다.
② 말과 글, 숫자는 기호의 한 종류이다.
③ 과학과 예술 등 여러 분야에서 고유의 기호가 사용된다.

④ 상형문자 등 지금은 쓰지 않지만 과거를 이해하기 위해 예전의 기호는 보존 가치가 있다.
⑤ 수화, 암호 등 특수한 상황과 사람이 쓰는 기호들이 있다.
⑥ 정보는 기호의 집합체이다.
⑦ 인터넷의 올바른 사용법을 익히고 필요한 정보를 찾을 수 있다.

3) 창의적인 기호

① 기호를 활용하여 다양한 디자인을 할 수 있다.
② 손, 발, 입 또는 다른 신체 부분으로 여러 가지 기호를 만들어 볼 수 있다.
③ 자연의 요소나 초자연적인 것에 대한 이해 등을 기호화할 수 있다.
④ 기초적인 상태나 측정과 관련된 기호를 만들 수 있다.
⑤ 감정이나 의지를 나타내는 다양한 기호를 만들 수 있다.
⑥ 미래에 사용될 수 있는 기호를 발명할 수 있다.

3. 교육 내용

생각을 전하는 기호

음률 · 신체표현

- 노래 부르기 : 이상한 나라 기호
- 수화 : 〈사랑의 마음〉 기호악보로 노래하기
- 음악감상
  - 디즈니 영화 〈판타지아〉 중 '기호들의 춤'
  - 컴퓨터그래픽음악
- 신체표현
  - 기호사람 조각
  - 외계인신호에 맞춰 움직여요.

실외 놀이

- 나츠카 사막그림 감상하고 땅에 기호 만들기
- 몸짓 기호 만들기

세시 관련 과학활동

- 관찰하기 : 다양한 나무 열매 비교 · 분류하기
- 측정하기 : 나무 열매 무게 과학적 기호 사용하여 측정하기
- 실험하기 : 도토리와 도토리가루 무게 비교 측정하기, 도토리묵 만들기 실험
- 토의하기 : 열매 수레가 잘 움직이기 위한 방법 토의하기

이야기 나누기

- 기호는 무엇일까?
- 우리가 찾은 기호는?(유치원, 교실, 자연, 집, 공공시설, 장소에서 찾은 기호들)
- 원시인의 재미있는 기호들
- 세계의 오래된 글자들 : 갑골문자, 마우이문자, 마야문자
- 여러 가지 다양한 기호들
- 글자는 어떻게 변해 왔을까?
- 측정을 위한 기호가 있어요.
- 생각과 감정을 나타내는 기호가 있어요.
- 생각과 감정을 나타내는 기호를 만들어요.

역할 · 쌓기

- 쌓기 : 컴퓨터 속 나라(가상의 나라 공간을 다양한 컴퓨터 관련품, 생활용품으로 구성하기)
- 역할 : 시간의 동굴 놀이
  - 기호와 원시의 동굴 만들기
  - 글이 없었을 때 어떤 기호를 썼을지 다양하게 통용되는 기호 만들어 보기
  - 타임머신을 타고 외계인, 고대인에게 신호 보내기

언 어

- 읽기 : 이집트, 무슨 글자일까?, 신비로운 숫자의 세계, 선사시대, 기호랑 놀자, 컴퓨터가족
- 쓰기 : 상형문자로 이름쓰기, 다양한 글씨체로 이름쓰기, 모스 부호로 이야기짓기, 기호 소개 소책자 만들기, 인터넷사용법 기호책자 만들기, 다양한 글씨체 감상하기
- 말하기 : 예술 관련 기호, 컴퓨터 기호 찾아보고 뜻 유추하기, 동화 '내 뜻이 아니야' 관련 암호 기호로 이야기짓기
- 동시짓기 : 무슨 뜻일까?

과 학

- 관찰하기 : 갑골문자, 상형문자 등 다양한 고대문자 관찰하기, 측정 기호 관찰하기
- 관찰하기, 토의하기 : 새 소리, 자연의 소리 기존 기호 관찰하고 새로운 기호에 대해 토의하기
- 측정하기 : 다양한 과학 관련 기호 사용하여 무게, 길이 측정하여 기록하기
- 예측하기 : 컴퓨터, 키보드판 분해하기, 인터넷정보전달과정 예측해 보기
- 실험하기 : 관찰지의 과학 기호 보고 도구 다루어 실험하기
- 발명하기 : 새로운 측정 기호 만들기, 생활 기호 만들기, 생각과 감정을 나타내는 기호 만들기

수 · 조작

- 한글옷 패션쇼 퍼즐
- 기호 짝짓기 게임
- 내 이름 다양한 고대문자로 만들기 조작 게임
- 어린이들이 발명한 기호 판게임
- 나츠카 사막그림 게임

조 형

- 다양한 문자 베껴 그리기
- 상형문자 이름 구성하기
- 이상봉 한글옷 디자인 감상 후 옷 디자인 그리기
- 문자 디자인 액세서리 만들기
- 기호 입체 구성하기 : 아연판 글자, 스프레이 스텐실(소리 기호), 색찰흙구성(입체 기호), 기호로 시계 만들기
- 협동작품 : 자우메 플렌사(Jaume Plensa)의 글자 인간 조각 감상 후 기호로 만든 조각 만들기
- 컴퓨터작품 : 키보드버튼, A디스켓으로 구성하기, 이모티콘 만들기, 그래픽그림 그리기

4. 환경 구성

1) 조형 영역

구분	내용
구성 원리	조형 영역에는 다양한 기호를 구성해 보기 위해 평면적인 재료와 입체적인 재료가 균형 있게 준비되었으며 실제적으로 어린이들이 자신들이 창의적으로 생각한 다양한 기호를 가시적으로 만들어 보고 소개할 수 있는 영역이 되었다.
활동 자료	• 다양한 문자 베껴 그리기 • 상형문자 이름 구성하기 • 이상봉 한글옷 디자인 감상 후 옷 디자인 그리기, 한글 티셔츠 만들기 • 문자 디자인 액세서리 만들기 • 기호 입체 구성하기 : 아연판 글자, 스프레이 스텐실(소리 기호), 찰흙 구성(입체 기호), 컴퓨터 부품으로 미래 사용 입체 기호 만들기 • 협동작품 : 자우메 플렌사의 글자 인간 조각 감상 후 기호로 만든 조각 만들기 • 컴퓨터작품 : 키보드버튼, A디스켓으로 구성하기, 이모티콘 만들기, 그래픽그림 컴퓨터로 뽑아 덧붙여 구성하기
환경 구성	 지점토로 만든 글자 기호 모빌

구분	내용
환경 구성	 기호 티셔츠 디자인 발  컴퓨터 부속으로 입체 기호 만들기 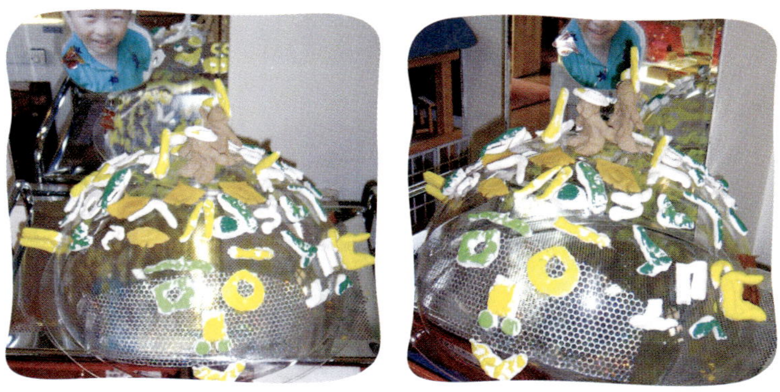 글자 기호로 만든 로봇 얼굴

2) 쌓기 영역

<table>
<tr><th>구 분</th><th>내 용</th></tr>
<tr><td>구성 원리</td><td>다양한 컴퓨터 부속품과 재활용품 등으로 입체적 기호를 구성해 보는 것이 격려되었고 미래의 기호 사용의 세계에 대해 상상해 볼 수 있도록 하였다. 유아들은 현실과 가상의 세계의 공간을 다리를 연결하여 만들고 현실과 가상을 왕래할 수 있는 공간을 다양하게 구성하였다.</td></tr>
<tr><td>활동 자료</td><td>• 컴퓨터 속 나라를 구성할 재활용 컴퓨터 부품류, 전자제품 재활용품 자료
• 우주인복, 미래적 옷을 입은 작은 인형류, 소품류
• OHP, 미래 도시의 정경 사진, 로봇들의 행진이나 미래 사람의 생활 사진 자료</td></tr>
<tr><td>환경 구성</td><td>
가상 컴퓨터 속의 나라
</td></tr>
</table>

구 분	내 용
환경 구성	 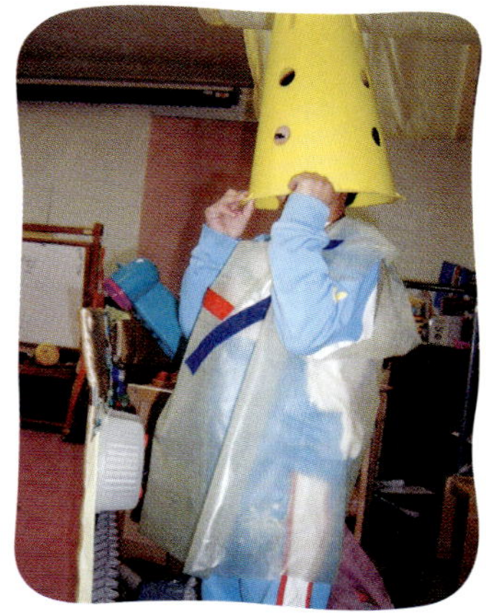    우주인이 되어 쌓기 영역에 지은 공간에서 놀이하기

3) 역할 영역

구 분	내 용
구성 원리	역할 영역에서 무슨 놀이를 할 것인지 주제 진행에 따라 유아들과 의논하여 타임머신을 타고 과거와 미래로 갈 수 있는 놀이를 하는 공간으로 구성하기로 하였다. 과거의 경우 동굴로 구성하여 원시인들이 했던 놀이를 상상하여 다양한 코너를 두었다. 타임머신에는 시간의 흐름을 고려한 다양한 장치들이 고안되었다.
활동 자료	• 시간의 동굴놀이 : 원시시대의 인물 흙인형 만들어 동굴 게시하기, 목탄으로 벽화 그리기 공간, 어린이들이 만든 다양한 입체 찰흙기 호판, 찰흙판에 기호를 새길 수 있는 돌멩이와 찰흙도구들, 타임머신, 타임머신 여행복, 지도, 다양한 모양의 헬멧, 시계, 타임머신 간판 • 타임머신을 조정할 수 있는 기호판 구성하여 배치하기, 타임머신 운행 순서판 • 고대시대 사람들의 의상, 생활 모습이 담긴 사진 배치
환경 구성	 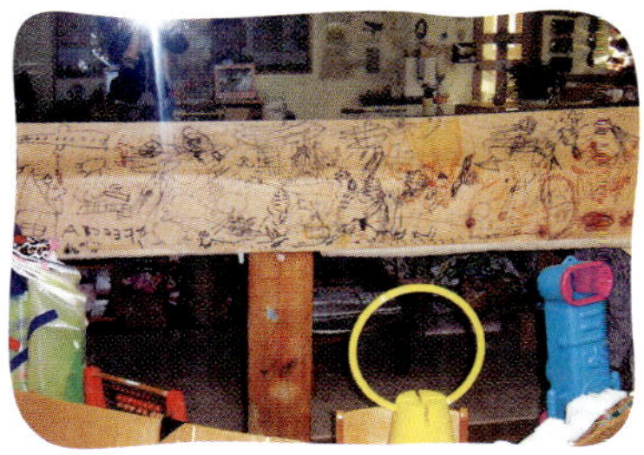 타임머신의 외부와 시간의 흐름 벽화   타임머신(시간의 동굴놀이)

구 분	내 용
환경 구성	 타임머신 내부  원시인 동굴 : 동굴벽화와 토우, 안전모, 흙판과 긁개 등 놀잇감

4) 과학 영역

구 분	내 용
구성 원리	절기의 풍속인 열매 거두기에서 착안하여 가을 열매를 모아 열매의 다양한 특성을 탐색해 보고 크기별로 무게를 측정해 보는 실험을 계획하였다. 눈금저울, 양팔저울 등 계량화된 단위를 가진 저울로 먼저 다양한 무게를 비교해 본 후 균형판을 사용하여 열매의 무게를 재는 실험을 하였다. 잴 수 있는 다양한 단위에 대한 기호를 만들어 게시하였다.
활동 자료	• 요리 : 요리 순서도 만들기(도토리묵 만들기 재료의 분량 기호화하기) • 과학 : 무게측정 실험(측정을 나타내는 기호 사용하여 주변의 물건, 가을 열매 무게 재기, 양팔저울, 추저울, 추, 다양한 형태의 판, 중심점, 열매, 열매를 담는 통, 관찰지) • 측정과 관련된 기호와 실험과정 패널, 어린이들의 실험과정 사진 게시
환경 구성	 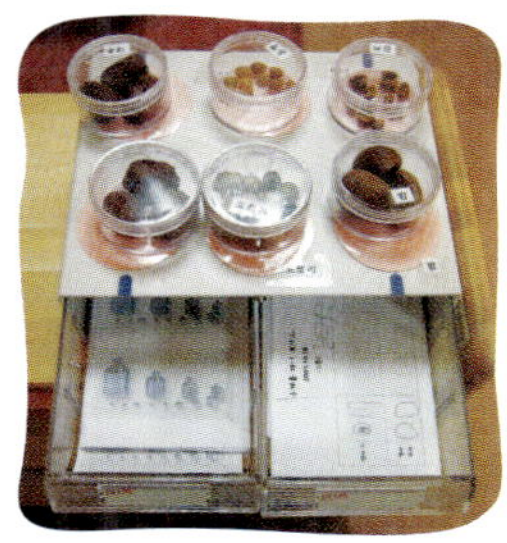 과학 영역 교구장과 실험지 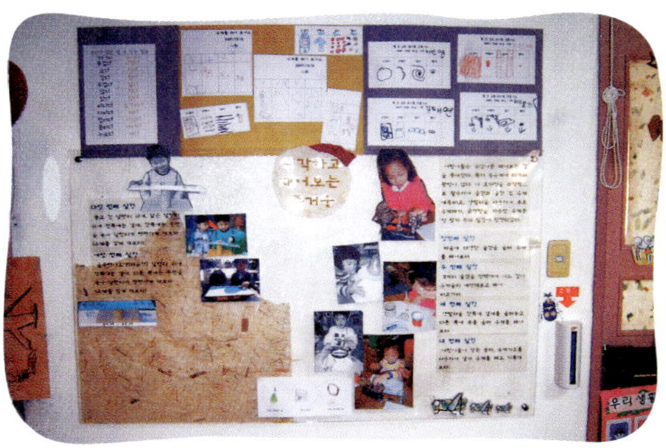 측정단위를 기호로 만든 것과 실험과정에 대한 패널 게시

구 분	내 용
환경 구성	 다양한 형태의 균형판(저울 역할)과 중심판  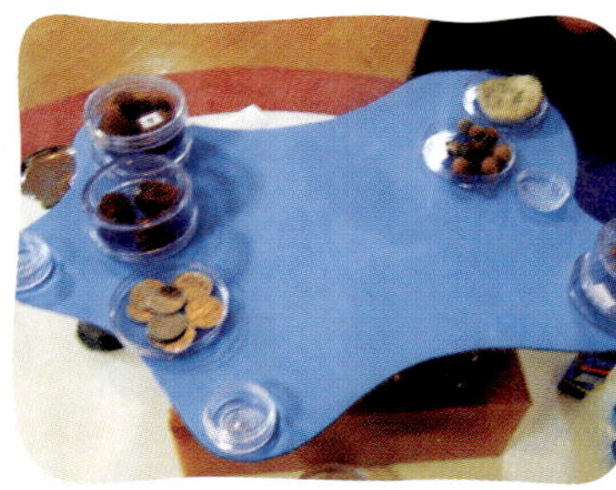 균형판 무게재기 실험과정   재료와 사용방법 소개하기

5) 언어 영역

구 분	내 용
구성 원리	기호와 관련하여 다양한 기호를 소개하고 새롭게 해석해 보는 코너를 마련하였고 상형문자, 한글, 모스 부호, 생활 기호 등 다양한 기호를 활용하여 이야기를 짓거나 단어를 만드는 활동이 격려되었다. 이집트 상형문자 테이블인형 자료로 이야기 꾸미기가 진행되었다.
활동 자료	• 읽기 : 기호와 관련된 어린이 도서 비치(이집트, 무슨 글자일까?, 신비로운 숫자의 세계, 선사시대, 기호랑 놀자, 컴퓨터가족 등) • 쓰기 : 상형문자로 이름 쓰기, 다양한 글씨체로 이름 쓰기, 모스 부호로 단어 만들기, 기호 소개 소책자 만들기, 인터넷 기호 책자 만들기, 다양한 글씨체 베껴내기, 감정을 나타내는 기호 따라 쓰기 • 듣기, 말하기 : 예술 관련 기호, 컴퓨터 기호 찾아보고 뜻 유추하기, 원시인의 재미있는 기호들 사진 자료, 측정을 위한 기호그림 자료, 생각과 감정을 나타내는 기호그림 자료 • 동시 : 무슨 뜻일까? 변형동시를 입체 카드에 짓기 • 동화 만들기 : 동화 《내 뜻이 아니야》 관련 기호로 이야기 짓기
환경 구성	  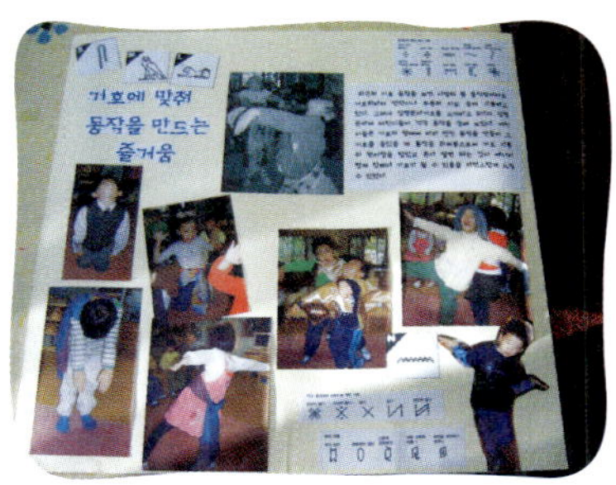 이름을 재구성하여 기호화하기, 유아들이 만든 동작 기호 패널

구 분	내 용
환경 구성	 기호에 대한 유아들의 생각모음 패널 게시 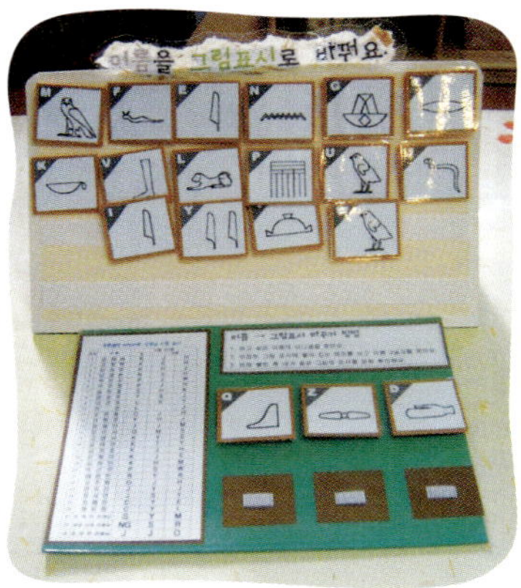 이름을 상형문자로 바꾸기 교구와 이야기 꾸미기 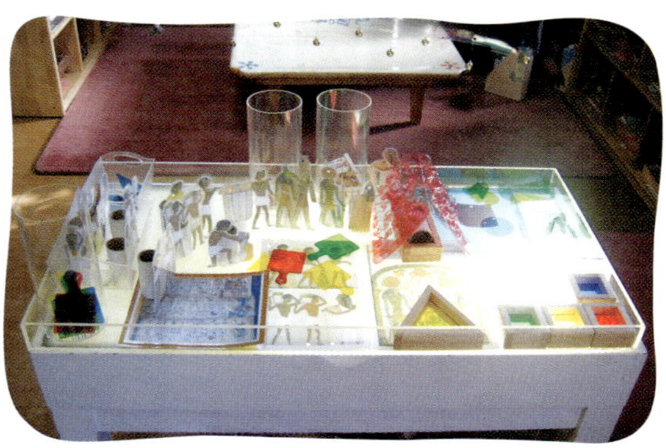 이집트 사람들의 생활(상형문자 테이블 인형)

6) 수 · 조작 영역

구 분	내 용
구성 원리	기호와 관련하여 다양한 판게임과 조작교구가 배치되었다. 어린이들이 게임판을 만들 때 직접 참여하여 계획할 수 있도록 하였다.
활동 자료	• 수교구 : 어린이들이 발명한 기호 판게임, 나츠카 사막 기호그림 게임, 상형문자 그림 기호를 따라가요 입체 판게임 • 조작교구 : 한글옷 패션쇼 퍼즐, 기호 짝짓기 게임, 내 이름 고대상형문자로 만들기 조작 게임
환경 구성	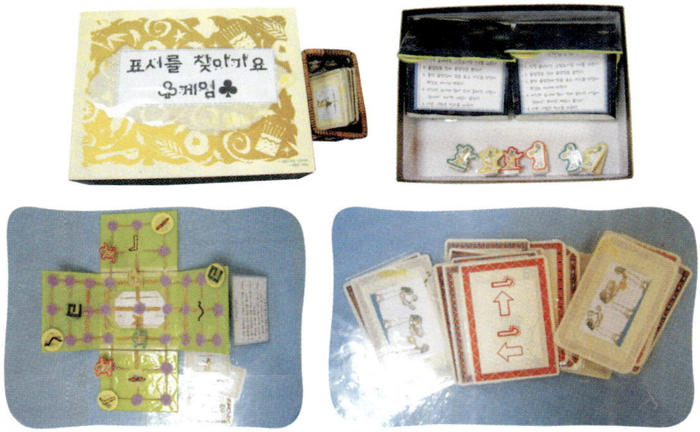 이집트 상형문자 찾아가기 판게임  나츠카 사막 기호그림 길 따라가기 게임

7) 벽면 게시

구 분	내 용
구성 원리	기호로 관련된 다양한 생각모음이 벽면에 게시되어 유아들이 다른 친구들의 생각을 알 수 있게 하였고 주제의 방향을 이해할 수 있도록 도왔다.
활동 자료	• 시간의 흐름에 따른 그림 기호의 변화과정판 게시 • 나의 이름 문자 새로이 조합하여 기호화한 판 게시 • 측정과 관련된 기호와 실험과정 패널 게시 • 어린이들의 실험과정, 어린이들의 기호에 대한 생각 게시 • 기호 주제 전체 전개도에 대한 흐름 패널 게시
환경 구성	 교실 입구 : 주제의 흐름에 대한 기록판 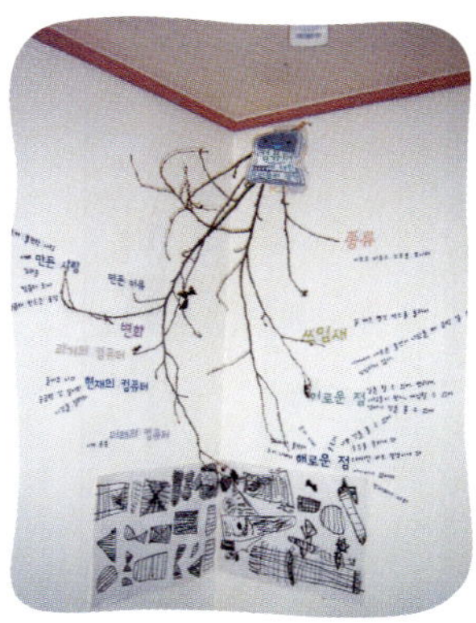 컴퓨터에 대한 브레인스토밍 망  시간의 흐름에 따른 기호들의 변화(어린이그림 겹 아크릴판)

구분	내용
환경 구성	 자유선택시간과 가정에서 만들어 온 기호 전시 및 알림판  옛날 사람들의 기호 따라 그리기 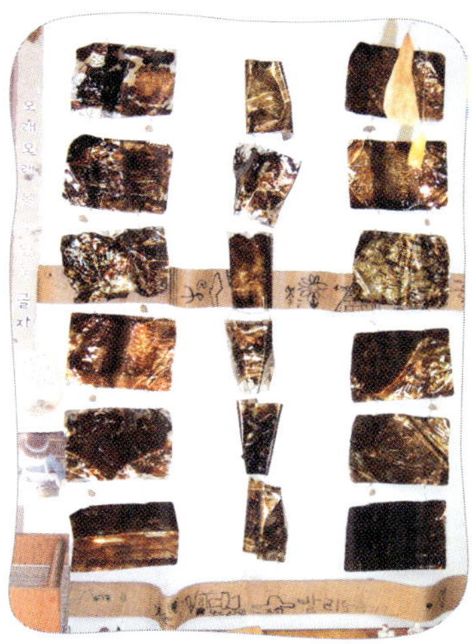 유아들이 만든 금속활자판

5. 가정과의 협력

'생각을 전하는 기호' 주제를 전개하는 데 있어 가정에 매주 보내는 편지를 통해 교실 내에서의 주제전개 및 진행과정을 알리고 가정에서도 유아들이 일상 속에서 기호에 대해 관심을 가질 수 있도록 배려해 줄 것을 부탁하였고 다양한 활동의 진행상황을 소개하였다.

가정과의 협력은 자료 모아오기, 부모와 함께 기호 만들기, 현장학습 함께 가기 등으로 이루어질 수 있다. 주제와 관련하여 가정에서 만든 다양한 기호를 소개하는 시간을 가지기도 하였다. 자료 모아오기는 과거, 현재, 미래에 사용하는 기호를 책, 인터넷, 신문 등을 통해 알아오는 것으로 자료를 모으면서 가정 내에서도 기호에 대해 관심을 가지고 이야기를 나눠 볼 수 있도록 하였다. 유아들이 가정에서 자료를 수집하면서 관심 기호가 어떤 것인지 파악할 수 있었다.

부모와 함께 기호 만들기는 다양한 기호를 수집하고 모아오기와 가족이 함께 사용할 수 있는 다양한 기호(가족의 표시, 구성원을 나타내는 표시, 집 안의 공간을 구별해 주는 표시, 칭찬 표시, 벌 표시 등)를 발명해 보고 합의를 통해 기호를 정해 보는 시간을 가져 볼 수 있었다. 기호 만드는 과정에 대한 자세한 설명을 부모로부터 받을 수 있었고 유치원에 가져와 소개하고 게시하는 시간을 가졌다.

현장학습은 인쇄매체나 컴퓨터와 관련하여 유아들이 갈 수 있는 다양한 장소를 소개하고 생동감 있는 실제 기호의 쓰임새에 대해 생각해 볼 수 있는 시간을 갖도록 하였다.

이러한 가정과의 협력을 돕기 위한 예들은 다음과 같다.

1) 가정통신문의 예

안녕하세요?

유아들이 다양한 기호를 사용해 보면서 한층 활기차게 보냈던 한 주였습니다.

이번 주 푸른솔반 유아들은 생활 기호들을 알아보고 생활 기호가 필요한 이유와 사용하는 장소 등에 대해 생각해 보았습니다.

유아들은 병원 표시나 경찰서 표시, 미아보호소 표시, 안내소 표시 등을 보면서 아프거나 어려울 때 급박하게 필요한 표시들에 대해 제일 먼저 관심을 보였습니다. 기호의 뜻을 알아보면서 기호가 글을 읽을 수 없는 사람에게도 유용할 수 있다는 것도 알았습니다.

유아들은 표시를 실제 뜻으로 이해하기도 하고 새로운 뜻으로 재해석하기도 하였는데, 유아들이 선입견이 없는 상태에서 말하는 기호의 뜻은 나름대로 측정이나 주의의 경고가 들어 있었습니다. 그래서 쌓기 영역에서 어린이들이 만든 기호를 블록에 붙여 만든 구조물의 필요한 곳에 뜻을 알릴 수 있도록 사용하도록 하였습니다.

또한 한글날의 의미를 알아보고 기호 중 하나인 글자에 대해 알아보았습니다. 한글을 만든 사람과 만든 이유에 대해 생각해 보았는데, 유아들은 우리나라 글자가 없어서, 사람들이 너무 몰라서, 사람들이 책을 읽을 수가 없어서, 편지를 쓸 수가 없어서, 직접 만나야 해서, 글을 모르는 사람들이 불쌍해서 우리나라 글자를 만들었다고 이야기했습니다. 처음에는 한글에 대해 막연히 말이나 글이라고 생각했던 유아들은 필요에 의해 생겨난 한글에 대해 다시 생각해 볼 수 있었고 글자가 생기는 이유에 대해 저절로 생기는 것이 아니라 여러 사람의 노력에 의해 만들어진다는 것을 알 수 있었습니다.

한글과 관련하여 다양한 글자체를 소개하고 여러 가지 글자체로 나의 이름을 써보기도 하였습니다. 가정에서 보내 주신 영어 이름은 엄마가 써준 나의 영어 이름이라는 제목으로 엄마의 글씨체를 소개하는 데도 사용되었습니다.

또한 글자로 만든 인간 조각을 소개하고 인간 조각의 포즈를 다섯 가지 깃발 신호로 나누어 몸으로 표현해 보는 신체

기호	뜻
	이 표시는 병원 표시예요. 이 표시는 글을 못 읽는 아기도 아프면 여기서 약을 먹을 수 있다고 알려줘요.
	이 표시는 강변도로에서 봤어요. 이 표시는 예전에 어떤 사람이 차를 몰고 가다 낭떠러지에 떨어져서 그렇게 될 수 있으니까 조심조심 가라고 있는 표시예요.
	이 표시를 무시하면 계단에서 굴러 떨어져 다칠 수 있다는 뜻이에요. 계단을 분명히 그렸으니까요.
	이 표시는 무엇이든 물어 볼 수 있다는 표시예요. 이 물음표가 있는 곳에 가면 궁금한 것을 모두 해결할 수 있어요.
	이 표시는 개조심 표시예요. 무서운 개가 있으니 조심하라고 그려 놓았어요.
	이 표시는 소리가 너무 크다는 표시예요. 이 표시를 보면 말을 작게 해야 해요.

표현을 하기도 하였습니다. 몸으로 기호에 맞춰 표현하는 과정을 통해 말로 하거나 길게 쓰기보다 기호로 전달할 때의 편리함에 대해 느낄 수 있었습니다.

다음 주에는 상형문자와 모스 부호를 소개하고 어린이들의 이름을 여기에 맞춰 기호화하는 활동이 예정되어 있고 역할 영역에서는 글이 없었을 고대시대의 동굴을 꾸며 놀이해 볼 예정입니다. 생활 속의 다양한 기호를 알아보고 안전과 편리함을 위한 기호를 창의적으로 생각해 볼 예정입니다. 또한 간단한 과학적 측정 기호를 소개하고 기호를 사용하여 무게나 길이를 측정하며 기록하는 시간을 가지고자 합니다.

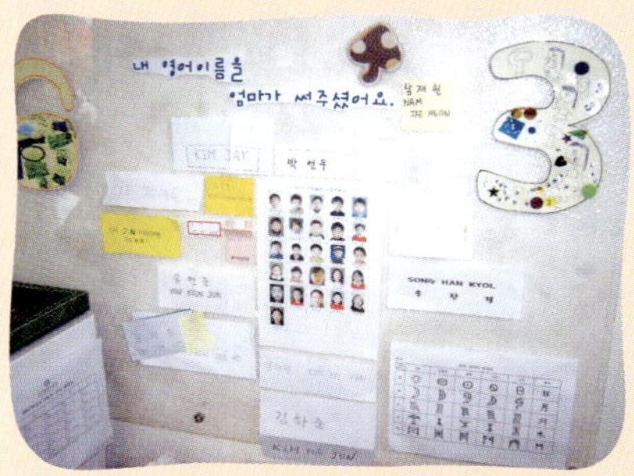

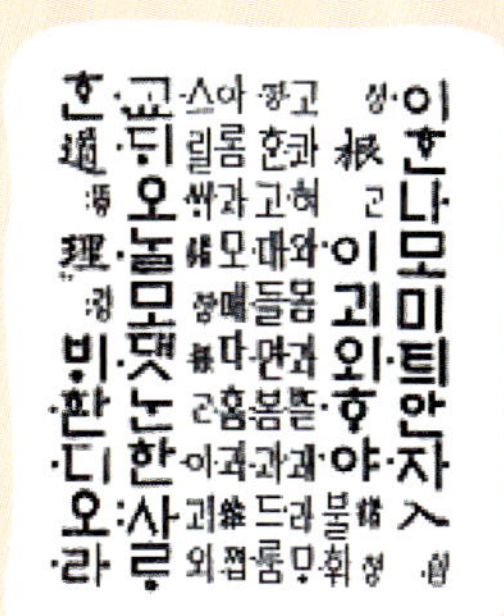

2) 활동 자료를 위한 협조사항의 예

- 주제와 관련하여 다양한 기호를 만들어 보는 경험을 하기 위해 작은 쇠붙이류와(볼트, 너트, 티스푼, 병뚜껑, 주스뚜껑 등) 단추류(크기가 다양한 것, 색 · 모양이 특이한 것)가 필요하니 보내 주시기 바랍니다.
- 주제와 관련하여 어린이가 자신의 이름을 다양하게 활용하여 디자인하는 시간을 가지고자 합니다. 어린이의 이름을 영어 대문자로(예 : 손여민, SOHN YEO MIN) 써서 어린이 편에 보내 주시기 바랍니다.
- 주제와 관련하여 가정에서 다양한 플라스틱 단추 등 재활용 재료를 보내 주셔서 감사합니다. 가정 내 고장난 키보드판, 안 쓰시는 A디스켓이 있으시면 되는대로 많이 보내 주시기 바랍니다.
- 어린이들이 다양한 기호에 관심을 가질 수 있도록 가정에서도 각 방(안방, 화장실, 아이방, 주방)의 표시를 정해 붙이거나 엄마, 아빠, 동생의 물건을 나타내는 표시 등을 만들어 사용해 보시기 바랍니다. 가족(엄마, 아빠, 동생 등)의 구성원을 나타내는 표시, 칭찬 표시, 벌 표시 등 표시를 만들어 그려 보내 주시기 바랍니다. 재미있는 표시는 보내 주시면 소개하는 시간을 갖도록 하겠습니다.
- 미래에 대해 이야기를 나누고 컴퓨터 부속과 단추 등으로 미래의 표시를 만들면서 미래의 생활에 대해 다양하게 알아보고 로봇의 좋은 점과 나쁜 점에 대해서도 생각해 볼 수 있었습니다. 가정에서도 어린이들이 커서 사용하게 될 기호에 관심을 가질 수 있도록 이야기 나누어 보시기 바랍니다.

6. 활동 전개의 예

다양한 기호에 관심 갖기

- 우리 생활에서 볼 수 있는 기호가 있어요.
- 기호를 구분해 주는 색과 선이 있어요.
- 아주 옛날 사람들은 어떤 기호를 썼을까?
- 이집트 사람들의 멋진 기호가 있어요.
- 옛날 사람들처럼 없어지지 않는 기호판을 만들어요.
- 사막에도 기호가 있어요.
- 비밀스러운 기호 : 암호가 있어요.

⬇

다양한 기호 만들어 사용해 보기

- 원시인이 쓰던 그림 기호를 만들어요.
- 이집트 사람들이 쓰던 그림 기호를 만들어요.
- 지금 우리가 사용할 수 있는 기호들을 만들어요.
- 교실에서 사용할 수 있는 기호를 만들어요.
- 집에서 만들어 온 기호들이 있어요.
- 앞마당에서 필요한 기호들이 있어요.
- 무게를 잴 때도 기호가 필요해요.

⬇

가장 많이 사용하는 기호 : 문자를 창의적으로 바라보기

- 글자는 기호의 한 종류예요.
- 사람들이 쓰는 글자는 변해요.
- 쓰는 사람이 나타나는 것이 글자예요.
- 내 이름 글자를 새롭게 디자인해요.
- 기호로 하는 디자인은 재미있어요.
- 글자 조각의 포즈에 기호를 만들어 붙였어요.
- 우리가 글자로 조각을 만든다면?
- 이집트그림 · 글자에 멋진 동작을 붙여 보자.
- 기호에 대한 생각을 모아 시를 만들었어요.

⬇

미래의 기호에 대한 생각 나누기

- 시간 여행 : 타임머신을 만들어요.
- 미래에 사용할 기호 예상해 보아요.
- 미래의 기호 : 컴퓨터가 궁금해요.
- 컴퓨터 나라를 만들어요.
- 컴퓨터 부품으로 입체 기호를 만들어요.
- 지금 기호들이 미래에 모두 사라진다면?
- 미래에 우리가 쓸 기호들을 생각해요.

1. 다양한 기호에 관심 갖기

2. 다양한 기호 만들어 사용해 보기

3. 가장 많이 사용하는 기호 · 문자를 창의적으로 바라보기

4. 미래의 기호에 대한 생각 나누기

Ⅱ 주제 전개과정

Ⅱ 주제 전개과정

기호란 사람 간 뜻을 전달하기 위해 쓰는 매개체, 즉 전달하기 위한 글, 그림, 몸짓, 소리 등을 의미한다. 교육적인 면에서 단순하게 기호의 표면적인 그림만 감상하거나 뜻을 바로 소개하기보다는 먼저 기호의 역사와 의미를 찬찬히 생각해 보고 다양한 기호를 실제로 사용해 보며 함께 기호를 만들어 보는 즐거움을 누리기 위해 본 주제를 계획하게 되었다.

1. 다양한 기호에 관심 갖기

1) 우리 생활에서 볼 수 있는 기호들이 있어요

우리 생활에서 볼 수 있는 기호들을 소개하였는데, 유아들은 병원 표시나 경찰서 표시, 미아보호소 표시, 안내소 표시 등을 보면서 아프거나 어려울 때 급박하게 필요한 표시들에 대해 관심을 보였다.

유아들이 바라본 우리 생활에서 볼 수 있는 기호의 뜻

이 표시는 병원 표시예요.
이 표시는 글을 못 읽는 사람이나
아기도 아프면 여기서 약을
먹을 수 있다고 알려줘요.
아프면 이 표시를 찾아가요.

이 표시는 우체국 표시예요.
새 모양이에요. 편지를 물고
날아가서 빨리 주라고
제비 모양인가봐요.
제비가 굉장히 빨라 보여요.

이 표시는 경찰서 표시예요.
독수리가 도둑이나 나쁜
사람들을 잡는다는 뜻이에요.
이런 표시가 옷에 달려
있으면 경찰 아저씨예요.

이 표시는 신호등 표시예요.
빨간불은 멈추고 파란불은
가세요. 노란불은 조심해서
잘 보고 건너든지, 서든지 하
세요 라는 뜻인 것 같아요.

이 표시는 강변도로에서 봤어요.
이 표시는 예전에 어떤 사람이
차를 몰고 가다 낭떠러지에 떨어
져서 그렇게 될 수 있으니까 조
심조심 가라고 있는 표시예요.

이 표시를 무시하면 미끌미끌
차가 마구 미끄러져 떨어져
다칠 수 있다는 뜻이에요.
미끄럼틀 같은 것을
분명히 그렸으니까요.

이 표시는 동물이 튀어 나올 수
있으니 조심하라는 뜻이에요.
동물들은 지동차길이 무엇인지
잘 모르니까
아주 조심해야 해요.

유아 1 : 기호는 글씨 대신 그림으로 그려 쓰는 거예요.

유아 2 : 기호는 무늬무늬마다 뜻이 있어 글씨 대신 책을 만들 때, 알려 주고 싶을 때 써요. 그 안에 가지고 싶은 것, 하고 싶은 것, 할 수 있는 것 소원을 담아 그리는 거예요.

처음 유아들이 기호를 봤을 때는 테두리 안의 그림을 보며 뜻을 유추하였고 우리 생활에 이렇게 많은 기호가 있음을 재미있어 하였다. 마음에 드는 기호를 직접 그려 보며 볼 때와 그릴 때 유아들의 이해도가 다름을 알 수 있었다. 볼 때는 유아들이 부분과 전체를 구분하지 못하고 합쳐서 보지만 직접 그려 봄으로써 볼 때 발견하지 못한 특성을 찾고 부분과 전체를 세밀히 볼 수 있었다. 생활 관련 기호의 테두리도 직접 그려 보면서 차이를 인식하였다.

2) 기호를 구분해 주는 색과 선이 있어요

처음에 유아들은 주로 테두리 안의 사람이나 물체 등을 중점으로 그렸다. 그러다가 그리면서 차츰 테두리도 의식하기 시작했다.

금지의 테두리와 편리를 위한 테두리에 대해 구분할 수 있었던 것은 여러 번 그리는 과정에서 테두리가 뭔가 다르다는 것을 유아들이 관찰하여 발견했기 때문이었다. 테두리의 색이나 모양에 따라 좀더 쉽게 표시를 인식할 수 있음을 이해하였다.

유아들은 곧 원래 있던 표시를 차용하여 새로운 의미의 기호를 만들었는데, 원래의 의미와 다르지만 사용할 수 있을 의미를 붙였다.

다양한 기호의 뜻을 알아보면서 중심의 그림 표시뿐 아니라 바깥선도 기호에서 중요한 역할을 하고 있음을 알았고 그 다음부터는 기호를 만들 때 먼저 테두리를 원, 세모, 네모 중에 결정하고 다음으로 빨강인지 파랑인지 초록인지 테두리의 색을 결정하여 칠한 후 안에 그림을 그리는 순으로 진행되었다. 유아들은 빨강 테두리를 금지의 의미로 파랑이나 초록은 권유나 지시의 의미로 이해하였다.

다양한 기호의 뜻

통행금지 / 승용차 통행금지 / 화물차 통행금지 / 승합차 통행금지 / 2륜차 원동기장치 자전거 통행금지 / 승용차, 2륜차 원동기장치 자전거 통행금지 / 트랙터 및 경운기 통행금지 / 우마차 통행금지 / 손수레 통행금지

자전거 통행금지 / 진입금지 / 직진금지 / 우회전금지 / 좌회전금지 / 횡단금지 / 유턴금지 / 앞지르기금지 / 주정차금지

주차금지 / 차중량제한 / 차높이제한 / 차폭제한 / 차간거리제한 / 최고속도제한 / 최저속도제한 / 서 행 / 일시정지

양 보 / 보행자 횡단금지 / 보행자 보행금지 / 위험물적재 차량통행금지 / 자동차 전용도로 / 자전거 도로 / 자전거 및 보행자 겸용도로 / 회전교차로 / 직 진

우회전 / 좌회전 / 직진 및 우회전 / 직진 및 좌회전 / 좌우회전 / 유 턴 / 양측방통행 / 우측면통행 / 좌측면통행

진행방향별 통행구분 / 우회로 / 스노타이어 또는 체인사용 / 안전지대 / 주차장 / 자전거주차장 / 보행자 전용도로 / 횡단보도 / 어린이보호

어린이보호 (어린이보호 구역 안) / 자전거횡단도 / 일방통행 / 비보호좌회전 / 버스전용차로 / 다인승차량 전용차로 / 통행우선

이건 뭐야? 이 밖에 굵은 선.
이 그림은 이렇게 (손가락으로 테두리를 돌리며) 빨간색 세모 안에 들어 있잖아.
그래서 이렇게 먼저 그리고 안에다 그렸어.
어, 이 그림은 파란색 네모 안에 들어 있네, 이건 빨간 동그라미, 이건 빨간 세모야.
어떤 건 파란색이고 어떤 건 빨간색이야. 왜 다르지?
빨간색은 하지 말라는 뜻인가봐. 파란색은 괜찮다는 뜻이고.

유아들이 생각해 낸 새로운 의미의 기호

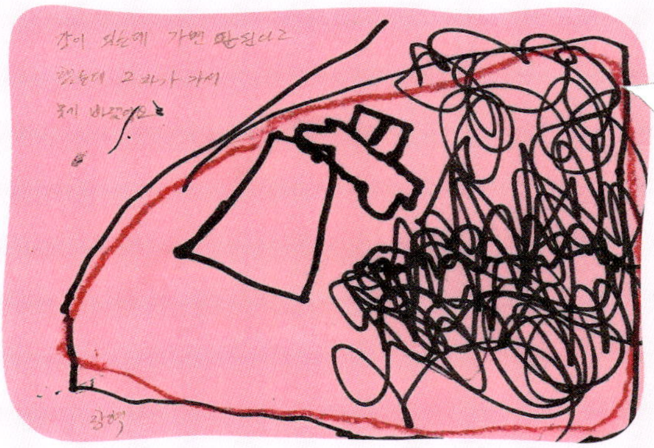

원래 표시 뜻 : 낭떠러지 주의
유아의 표시 : 잘못하면 파도 때문에 강에 떨어질 수 있다는 거야. 이 표시는 파도가 심하니 그쪽으로 가면 안 된다는 뜻이야. 잘못하면 강에 떨어질 수 있어.

원래 표시 뜻 : 안내소
유아의 표시 : 이 표시는 무엇이든 물어 볼 수 있다는 표시야. 이 물음표가 있는 곳에 가면 우리가 궁금한 것을 모두 해결할 수 있어.

원래 표시 뜻 : 속도 제한
유아의 표시 : 이 표시는 소리가 너무 크다는 표시야. 이 표시를 보면 말을 작게 하라는 뜻이야.
숫자가 작을수록 거기서는 작게 이야기해야 돼.

원래 표시 뜻 : 유아 보호 지역
유아의 표시 : 이 표시는 개조심 표시. 무서운 개가 있으니 도둑은 조심하라는 뜻이지.

3) 아주 옛날 사람들은 어떤 기호들을 썼을까?

기호에 대해 유아들이 다양한 관심을 보이며 써보거나 구성해 봄에 따라 아주 옛날에는 어떻게 했는지 궁금해 하기 시작하였다. 유아들에게 고대의 동굴 벽화를 소개했는데, 잘 그렸다고 놀라워하며 왜 그림 기호를 그렸는지 궁금해 하였다.

우선은 동굴 벽과 비슷한 느낌이 나는 종이를 골라 바닥에 깔고 벽화 그림을 보며 참고하게 하였다. 원시인이 된 마음으로 동굴 벽이라고 생각하고 그려 보라고 하자 신이 나서 거미, 코끼리, 사람 등을 그려 넣었는데, 자유롭게 그릴 수 있으면서도 원시인의 동굴 벽화를 그려 본다는 메시지 자체가 유아들에게 영감을 주는 듯 했다. 그림을 그려 넣고 게임을 만들기도 했는데, 예를 들어 코끼리 그림에 닿으면 숨을 쉬고 어떤 행동을 한 후 다섯 세는 동안 무엇을 그려 넣어야 하는 게임을 만들어 즐기기도 하였다.

유아들은 단순한 그림만 그리는 것이 아니라 그림에 어떤 메시지를 담고자 했기 때문에 그림을 그리고 그림에 메시지가 들어 있도록 창작하는 것을 격려하였다. 처음에는 동굴 벽화의 이미지를 단순한 그림 낙서장으로 생각했던 유아들은 그림을 자꾸 보고 직접 벽화처럼 그려 보면서 원시인들이 무엇인가 생

유아 1 : 왜 동굴에다 이런 그림을 그렸어요?
유아 2 : 너무 아름다워요. 원시인도 이렇게 그림을 잘 그렸어요?
유아 3 : 그림 잘 그리는 원시인이 그림을 잘 그리니까 자랑하려고 그렸나봐요.
유아 4 : 소랑 같이 살았다고 알려 주려고 소 그림을 그렸어요.
유아 5 : 종이가 없어서 벽에다 그림을 그렸어요.
교사 : 그래, 저것을 그린 옛날 사람은 아마 저런 동물들을 많이 잡고 싶었나봐. 많이 잡고 싶어요 하며 그려 놓은 것 같아.
유아 6 : 자기가 잡은 동물들을 벽에다 안 잊어 버릴려고 그렸나봐요.

나는 새를 다섯 마리 잡았었어.
나는 상어와 코끼리, 늑대를 보았는데, 도망갔어.
코끼리그림을 보면 숨을 한 번 쉬고
다섯 세는 동안 무엇을 그려야 해.

각하는 바를 전달하고 알리는 역할로써 동굴 벽화를 사용했음을 이해하였다.

4) 이집트 사람들의 멋진 기호들이 있어요

고대의 기호에 대해 알아본 후에는 시대를 옮겨 세밀하고 예술적인 그림을 글자로 사용했던 이집트의 상형문자를 소개하였다. 문자를 세밀한 그림으로 나타낸 상형문자는 자연스럽고 간결한 그림으로 뜻을 나타내어 예술적 가치도 있다고 생각되었다.

다양한 이집트 상형문자를 소개하고 유아들이 직접 이를 활용하여 여러 가지 기호를 만들어 볼 수 있도록 하였다. 그런 다음에 상형문자판을 소개하고 집에서 알아온 유아의 이름 영어 이니셜에 따라 맞는 그림문자가 있다는 것을 알 수 있게 하였다.

세계 문명 발상지의 그림문자도

구분	내용			
형성	수메르 그림문자	이집트 그림문자	마야 그림문자	아즈텍 그림문자
시기	기원전 4000년경	기원전 3000년경	기원후 6~10세기경	기원후 13세기경
상징	태양, 하늘, 사람	태양, 하늘, 사람	왕명 상징	태양, 밤
그림문자	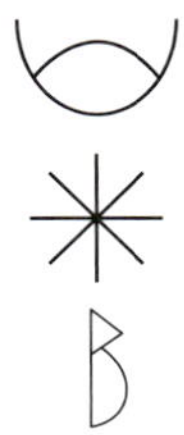	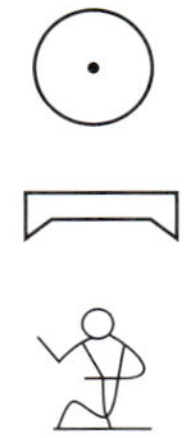	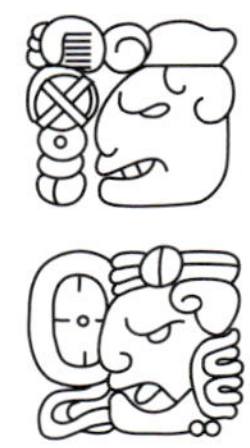	

유아 1 : 이집트 사람들은 글자 대신 이것을 썼대. 여기 봐. 개가 한 마리 앉아 있어.

유아 2 : 머리에 예쁜 깃털 왕관을 쓰고 사람들이 어디로 가고 있어. 여기에는 늑대얼굴 사람이 있어서머리 위에 새가 한 마리 그려졌어.

유아 3 : 사람들이 무엇인가를 매고 어디로 가고 있어. 어디 간다고 그림 그렸나봐. 무엇이라고 써있는 걸까?

유아 4 : 그림이 아주 많은데, 무슨 뜻인지 궁금해.

유아 5 : 사람, 늑대, 새, 왕, 바구니, 물고기, 빵, 나뭇잎, 햇님, 달님 우리가 찾은 그림들이야.

유아들은 자신의 이름 석자의 영어 첫 자가 어떤 상형문자로 나타날 수 있는지 크게 관심을 가지고 찾아보았고 친구의 이름도 맞춰 보았다. 이를 통해 단순한 그림이 아니라 글자를 대체할 수 있는 매개체로써의 상형문자의 가치를 자

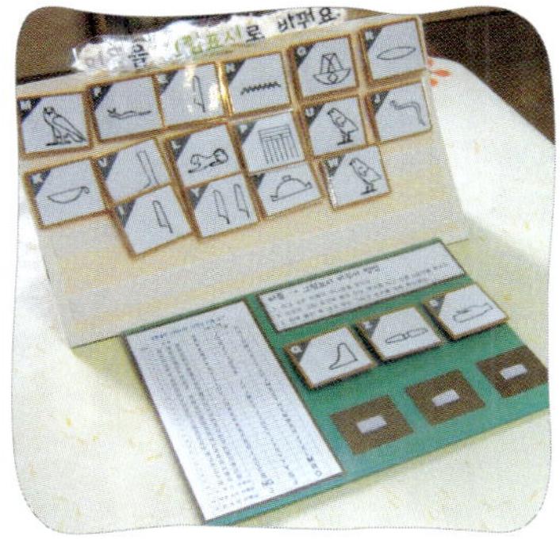

유아 1 : 내 이름은 KJE니까 그림으로는 찻잔, 긴 꼬리 뱀, 서 있는 칼이야.
유아 2 : 내 이름은 UHJ니까 그림으로는 병아리, 지그재그, 긴 꼬리 뱀이야.
유아 3 : 네 이름은 LJ니까 사자, 긴 꼬리 뱀이야.
유아 4 : 선생님, 영어로 달걀이 EGG인데요. 그러면 긴 칼, 긴 칼, 그릇모자 모양이 돼요.
이집트 사람들 기호는 정말 재미있어요. 그림으로 책을 썼어요.
이집트 사람들 기호는 예뻐요. 정성껏 오래오래 그린 그림인 것 같아요.
유아 2 : 이집트 왕들 무덤벽에 이런 그림 기호가 잔뜩 그려져 있는데요. 아마 왕이 좋아하는 물건을 이야기하는 것 같아요.

연스럽게 알 수 있었고 가깝게는 자신의 이름을 다양한 사물의 그림으로 표현할 수 있음을 재미있어 하였다.

5) 옛날 사람들처럼 없어지지 않는 기호판을 만들어요

유아들은 알고 있는 기호를 오래 없어지지 않게 보존하고 싶어 하였다. 그래서 처음에는 다양한 기호를 프린트하여 소개하고 천에 그려 넣게 하였다. 다양한 기호 중 마음에 드는 것 5가지와 내가 그리고 싶은 기호 5가지를 그리게 하였는데, 처음에는 다소 어려워하던 유아들이 목탄을 가지고 즐겁게 기호를 낙서처럼 그리며 재미있어 하였다.

상형문자, 한글, 동작 기호, 수학 기호 등의 모양을 마음껏 보고 그리던 유아

없어지지 않는 기호판을 만들기 위한 유아들의 다양한 시도

천은 구겨지고, 물감은 날아갈 수 있어요.
천은 탈 수도 있고 검은 물감이
묻을 수도 있어요.
천에다 표시를 그려 놓으면 멋지지만
오래오래 아주 오래는 못 볼 것 같아요.

들은 천에다 기호를 남겨도 오래 가지 않는다고 생각하였다.

그래서 찰흙판에다 기호를 세기기로 하였는데, 기호를 찰흙판에 세기는 것도 처음에는 만족스러워 했으나 말랐을 때 떨어뜨리거나 조각이 날 수 있는 것에 대해 걱정하였다.

결국 아주 튼튼한 판으로 철판을 생각하게 되었고 오래 보관하기 위한 조상들의 방법과도 맞닿아 있었다. 이에 금속활자판을 소개하게 되었고 조상들의 지혜도 아울러 느낄 수 있었다.

유아들이 사용할 수 있는 철 소재의 판으로 부조를 시작하였는데, 처음에는 알파벳이나 자신의 이름, 숫자 등을 먼저 썼다. 그리고 알고 있는 기호라고 생각하는 것은 무엇이나 그려 넣었다. 특히 이집트나 마야 문명의 상형문자에 있는 뱀, 사자, 발, 해 등을 그려 넣으며 즐거워 하였다. 좋아하는 글자나 숫자를 쓰기도 하였다. 그린 후 나무필로 꾹꾹 눌러 요철을 냈는데, 그것을 보고 실제 금속활자판과 유사하게 생각하고 만족스러워 하였다.

금속판을 파내면서 유아들이 도움이 필요한 곡선 부분은 교사가 도왔다. 긁어 낸 후 약품을 발랐는데, 판이 쇠의 느낌이 나면서 훨씬 생동감 있고 아름다웠다. 칠한 후 금속판의 특성을 살려 살짝 구겨 볼 것을 부탁하였는데, 유아들이 자유

유아 1 : 어떻게 철을 파요? 아저씨가 무척 힘센 사람인가봐요.
유아 2 : 이걸로 한 번 파놓으면 없어지지 않겠어요. 바람 불어도 안 날아가요. 구겨지지도 않아요.
유아 3 : 다음 사람도 쓸 수 있어요. 만들기는 힘들겠지만 만들어 놓으면 아주 편할 것 같아요.
유아 4 : 여기서 기호를 알고 싶으면 어떡해요? 종이를 대고 연필로 따라 쓰나요?

금속판에 새긴 기호들

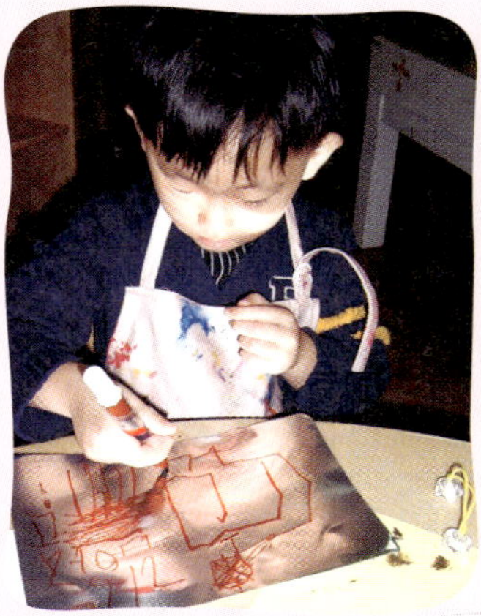

이제 우리가 만든 기호들은 없어지지 않아.
내가 아는 기호는 여기 다 썼어.

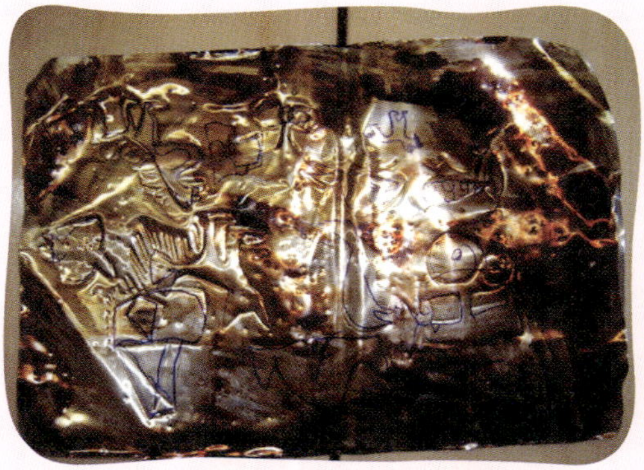
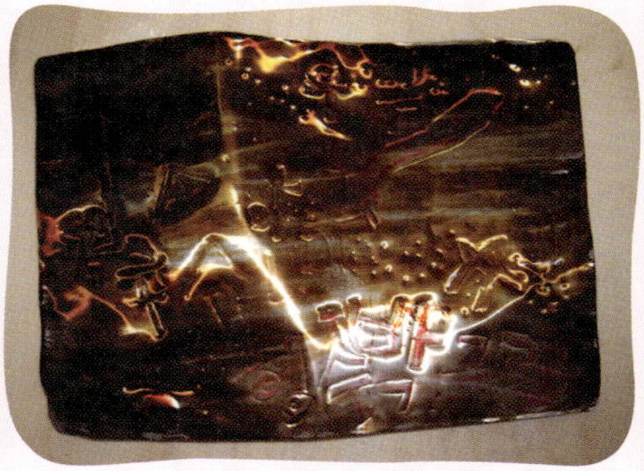
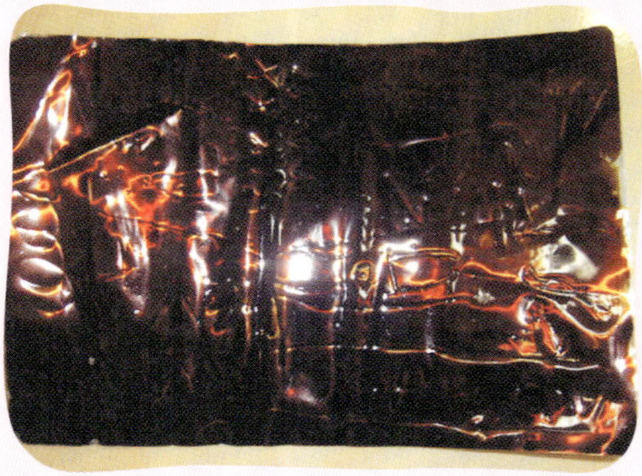

방향으로 살짝 구기자 훨씬 금속판다운 느낌이 살았다. 완성된 금속 기호판을 보며 알고 있는 글자나 숫자, 그림 기호 등을 서로의 작품에서 찾아보았다.

6) 사막에도 기호가 있어요

유아들과 이야기를 나누면서 세계의 불가사의 기호 중 하나인 나츠카 사막의 땅에 그린 거대 기호를 소개하였다. 유아들은 항상 기호를 볼 수 있는 작은 크기로 생각하다가 유치원보다 더 큰 거대한 기호 그림이 있다는 것을 알고는 매우 놀라워 했다.

유아 1 : 땅에다 누가 그림을 그렸어요? 어떻게 그렇게 크게 그려요? 꼬리는 정말 그리기 어려웠을 것 같아요.

유아 2 : 동물들이 비행기랑 우주선같이 보여요.

유아 3 : 코끼리보다 더 커요? 유치원보다 더 커요? 우리나라만 해요?

유아 4 : 왜 새랑 원숭이를 그렸어요? 무얼로 그렸나요?

유아 5 : 아마 땅을 삽으로 파서 그린 것 같애. 혼자서는 너무 힘들어.

유아 2 : 어떤 나라 사람들이 다같이 그린 것 아니예요?

교사 : 왜 이렇게 큰 그림을 땅에다 그려 넣었을까?

유아 1 : 그림을 얼마나 크게 그릴 수 있는지 보여 주려고요.

유아 5 : 아주 힘센 거인이 거기 살고 있어서 심심할 때 그렸어요.

유아 3 : 하늘에서 보면 멋있으라고 땅에다 크게 그렸어요.

교사 : 옛날 사람들이 하늘에서 그림을 볼 수 있었을까?

유아 1 : 새를 타고 날면서 그림을 봤나 봐요. 진짜 그런데 멋있어요.

유아 4 : 산 위에 올라가서 밑을 내려다 보았어요.

유아 5 : 그런데 게임하려고 그런 것 아니예요? 먼저 그림에 들어가는 사람이 이기는 게임.

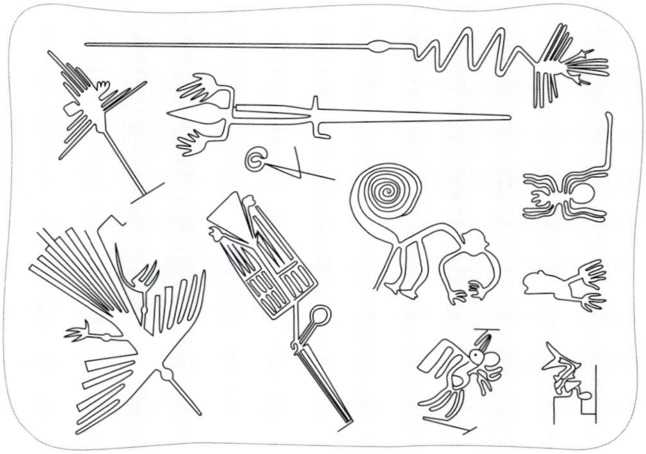

나츠카 사막에 그려져 있는 기호들

이렇듯 거대한 그림들이 땅에 그려진 것에 대해 유아들은 신기하게 생각하면서 하늘에서 봐야 형체가 다 보이는 큰 그림을 왜 그렸는지 매우 궁금해 하였다. 그 기하학적인 형태 자체도 매우 아름다웠기 때문에 그림판을 배경으로 길을 만들어 게임판을 수 · 조작 영역에 내주기도 하였다. 나중에 사람들이 추측하기를 우주 사람들과 소통이 있어 외계인이 보라고 원주민들이 그린 것이라고 생각하는 경우도 있다고 하자 더욱더 흥미롭게 생각하였다.

기호그림을 배경으로 만들어 본 게임판

7) 비밀스러운 기호 : 암호가 있어요

글자나 그림 기호의 뜻이 있다는 것을 알고 해석하고 나서부터 유아들은 말을 할 수 없거나 들을 수 없는 사람을 위해 수화가 있다는 것을 알게 되었고 손표시 기호로 〈아름다운 마음〉이라는 노래를 수화로 배워 보았다.

수화뿐 아니라 특정 사람이 뜻을 알고 서로 의사를 교환할 수 있는 암호라는 기호가 있다고 소개하자 매우 신기해 하였다. 유아들에게 모스 부호를 소개하고 점과 선을 사용하여 의사소통을 할 수 있음을 이야기 나눴다.

유아 1 : 점이랑 선으로 이름을 나타내서 신기해요.
유아 2 : 이름을 점과 선으로 써보니까 너무 신기해요.
유아 3 : 비밀로 하고 싶은 말이 있으면 이걸 써서 이야기를 하면 아무도 몰라요.
유아 4 : 비밀로 하고 싶은 이름이 있으면 점이랑 선으로 표시하면 돼요.
유아 5 : 이건 왜 만들었어요? 글자로 쓰는 것이 더 쉬울 것 같은데요.
유아 6 : 무슨 뜻인지 알지 못하면 이 표시는 사용할 수가 없어요. 또 봐도 점을 많이 그렸군 하면서 그림 그린 줄 알아요.

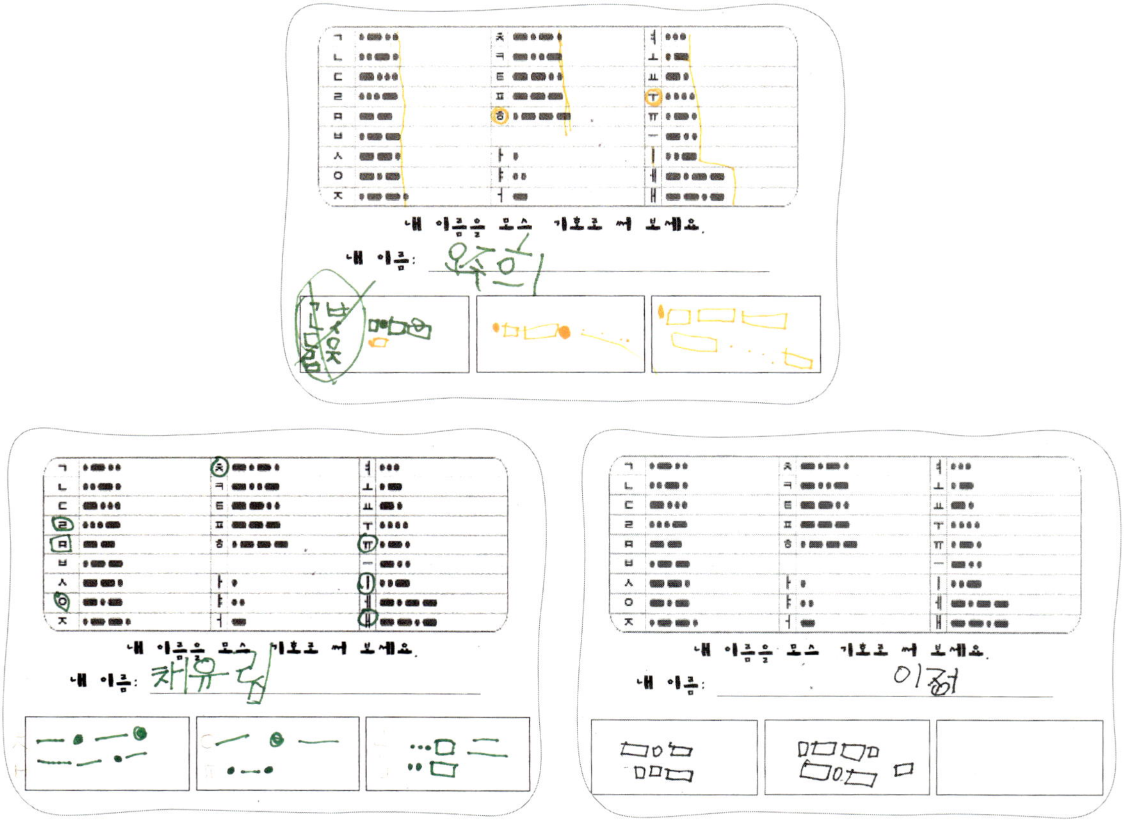

유아들의 이름을 모스 부호로 나타낸 활동지

2. 다양한 기호 만들어 사용해 보기

유아들이 기호의 종류에 대해 다양하게 알아보고 나서 이를 토대로 다양한 기호 만들기를 계획하게 되었다. 첫 번째로 만들어 본 기호는 원시시대에 썼을 것 같은 기호로 유아들은 옛날에 쓰던 기호를 다시 만들어 보는 것을 무척 재미있어 하였다.

1) 원시인이 쓰던 그림 기호를 만들어요

유아들과 선사시대 책과 이집트 책, 글자의 역사 책을 보며 시간이 흐르면서 글자가 없는 원시시대에 어떻게 사람들이 서로 뜻을 전했는지 이야기를 나눠볼 수 있게 하였다. 원시시대의 생활에 대해 먼저 지식이 있어야 그 시대에 있을 것 같은 기호에 대해 생각해 볼 수 있기 때문이다.

유아 1 : 원시시대에는 공룡이 살고 있었어요. 지금이랑 많이 달라요.
유아 2 : 원시시대에는 먹을 것을 구하러 많이 다녀요. 지금처럼 부엌이 없어요.
유아 3 : 원시인들은 물고기를 잡아서 구워 먹고 열매를 먹고 살아요. 옷도 나뭇잎 옷이고요.

유아들이 유추해서 그린 원시인들의 통용그림 기호

공룡이 알을 낳고 있으니 바로
지나가지 말고 돌아 가시오.
엄마 공룡이 사나움

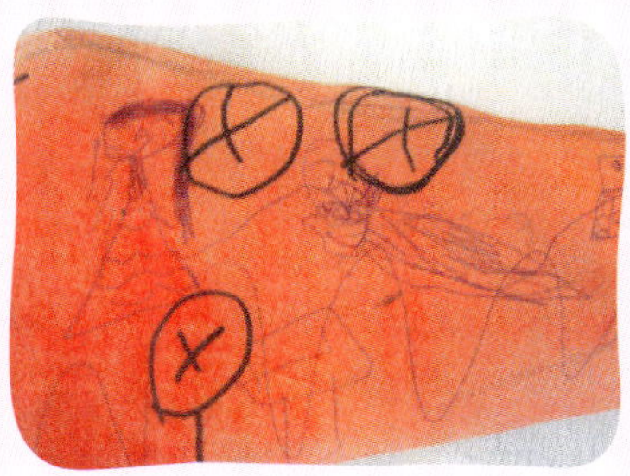

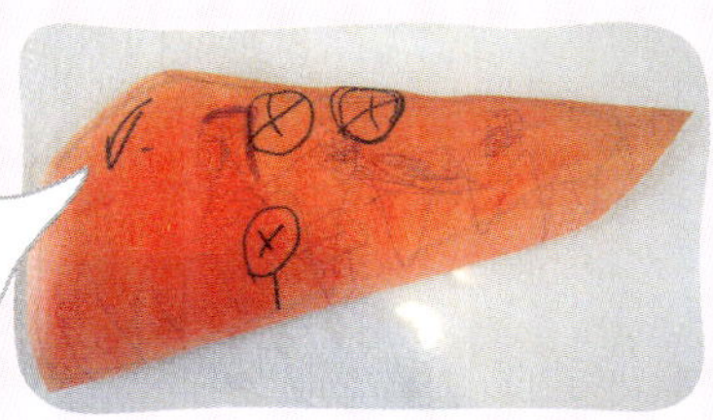

이 동굴 속에는 다친 공룡이 있고
치료하고 있으니 들어오지 마시오.

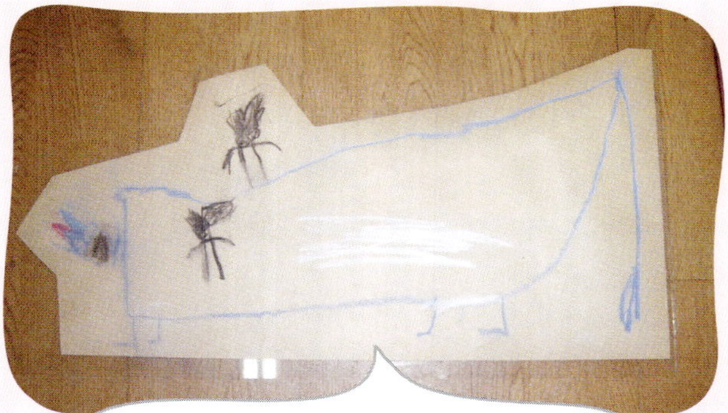
엄청 큰 소를 잡으러 친구와 올라 탔다가
친구가 잡혀 먹혔어. 소를 조심하시오.

배가 고프니 오늘은 낚시를
해서 고기를 잡아야겠다.

커다란 공룡이 자주 다니는
길이니 지나갈 때 조심하시오.

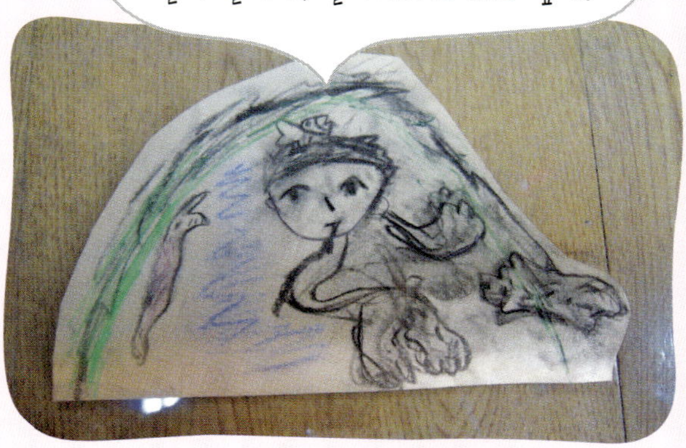
나는 동굴 안에 있다. 나는 뱀을 잡고
싶다. 그리고 새 한 마리가 내 머리 위에
앉았으면 좋겠다. 사슴을 타고 뿔을 잡고
달려 할머니, 할아버지께 가고 싶다.

불을 뿜는
공룡이 있음

유아들에게 종이를 줄 때 일률적으로 주지 않고 큰 그림을 그릴 것인지 작은 그림을 그릴 것인지 묻고 크기별로 그 자리에서 잘라 주고 모양도 되도록 세모나 불균형한 모양으로 잘라 주어 유아들이 이를 활용하게 하자 구성력이 훨씬 좋은 작품들이 나왔다.

원시시대의 기호들에 대해 관심을 가지면서 원시시대의 생활상이나 함께 살았던 생물류 등에 대해 책과 그림 자료 등을 통해 자연스럽게 알아 볼 수 있었고 글자가 없을 때의 기호로써 그림의 가치에 대해 생각해 볼 수 있었다. 그리고 단지 일차적인 그림이 아니라 메시지가 전달되는 기호를 그림으로 구성하는 것에 대해 이해할 수 있었다.

2) 이집트 사람들이 쓰던 그림 기호를 만들어요

원시시대의 기호 다음에는 시대를 옮겨 이집트 사람들이 쓰던 기호를 만드는 것에 대해 생각을 해보았는데, 복장이나 물건 등이 매우 특이하면서도 섬세하게 묘사되어 유아들에게 새로운 경험을 제공하였다.

이집트 상형문자 벽화를 보며 당시 생활을 유추해 보고 썼을 것 같은 글자들을 만들어 보았다.

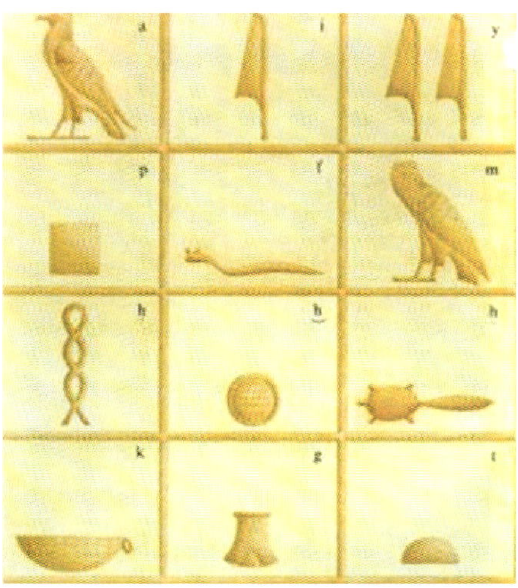

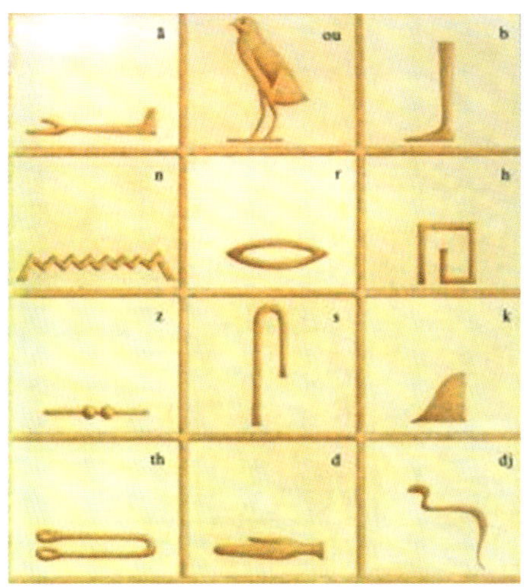

유아 1 : 이집트 사람은 하늘거리는 예쁜 옷을 입고 살았어요.
유아 2 : 머리에다 무엇을 쓰는 것을 좋아했어요. 지팡이 같은 것을 들고요.
유아 3 : 새가 많이 나와요. 새를 참 좋아했나봐요.
유아 4 : 글자를 아주 꽉차게 벽에 많이 썼어요. 조금 쓰지 않아요.
유아 5 : 빵을 그릇에 담아 먹고 살았어요. 빵이랑 그릇도 그림이 있어요.
유아 6 : 왕이 있었어요. 아주 높은 의자에 앉아서 밑을 내려다 보고 있어요.

유아들이 유추해서 그린 이집트에서 썼을 것 같은 그림글자들

여기 왕과 공주들이 지나간다. 머리에 늑대탈과 새모양 탈을 쓰고 가니 모두 엎드려서 쳐다보지 말아라.

나는 광주리에 사과 다섯 개를 담아 왕께 가져다 줬다.

왕의 무덤을 지나 얼굴을 보면 그곳에 보물거울이 있다.

상형문자를 보며 따라 그려 보는 것도 쉽지 않은 일이었지만 유아들은 집중력을 가지고 천천히 그림들을 베껴 그렸고 상형문자들을 재조합해서 새로운 뜻을 만들었다.

3) 지금 우리가 사용할 수 있는 기호들을 만들어요

원시시대의 그림 기호와 이집트시대의 그림 기호를 유추하여 만들어 보고 나서 따라 그렸다면 지금 쓸 수 있는 그림 기호를 만들어 보기로 하였다. 이러한 활동들은 시간의 흐름에 따라 변화하는 기호를 알게 했다.

유아들이 만든 지금 사용할 수 있는 그림 기호들

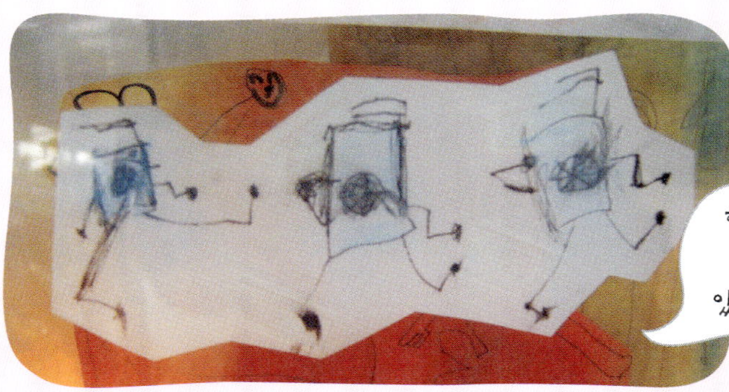

소개 기호 : 정글에 가면 무지개도
볼 수 있고 우린 무지개로
신나게 놀 수 있어.

만남 기호 : 엄마, 아빠 중의
한 사람이랑 산 세 개를 넘어서
밤에 만나자.

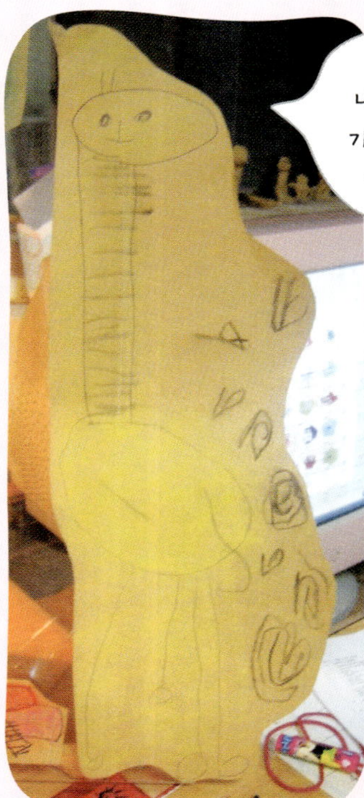

정보전달 기호 :
나는 기린을 보았어.
기린 목은 정말 길어.
나를 보고 웃었지.

놀이제안 기호 :
일요일이 되면
노란 축구공으로
축구를 할 수 있어.

현재 유아들이 중요하게 생각하는 친구와의 놀이, 장소, 협동 등이 고루 나타나 있는 재미있는 표시들을 고안해 낼 수 있었다. 유아들은 기호 만들기를 단순한 그림을 그리는 것이 아니라 메시지를 전달할 수 있는 매체라는 것을 이해하고 있었다.

4) 교실에서 사용할 수 있는 기호를 만들어요

다양한 기호를 만들기 시작하면서 유아들은 그림 기호로 일과 소개표를 만들어 보고 싶어 하였다. 유아들은 기호를 간단하게 '표시'라고 불렀는데, 표시가 무엇인지 물어보자 '무엇을 하는지 알려 주는 것, 복잡한 그림 말고 간단한 그림, 글자가 아니라 그림으로 하는 것' 등의 의견이 나와 표시를 기호의 의미와 같게 이해하고 있음을 알 수 있었다.

자유선택, 바깥 놀이, 노래 부르기, 동화, 동극, 신체표현, 체육, 책 빌리기, 유아궁전, 칭찬하기, 간식, 요리활동 등 모든 활동을 간단한 그림으로 표현하여 유아들과 함께 정해 보았고 이 과정을 통해 활동이나 시간의 순서를 글자뿐만 아니라 그림으로도 직접 그려 전달할 수 있으며, 기호는 혼자 정할 수 있는 것이 아니라 다른 사람과의 합의하에 뜻이 통하게 그려야 하는 것을 알 수 있었다.

음악 감상

동 화

바깥 놀이

간 식

동 극

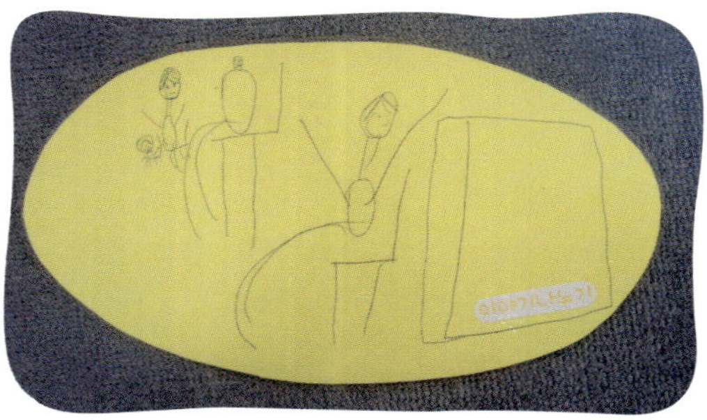

이야기 나누기

책 빌리기

동시 감상

칭찬하기

유아 선생님 기호

또한 교실에서 필요한 표시 중 유아 선생님(도우미) 기호를 만들어 보기도 하였는데, 유아 선생님을 나타내는 그림 기호로 도와주는 사람이기 때문에 알약 캡슐이나 약병을 그리기도 하였고 친절한 사람이기 때문에 사탕과 과자를 그린 그림 기호를 제안하기도 하였다. 유아 선생님 기호는 하트를 겹겹이 겹쳐 그린 그림 기호로 정해졌다.

그 밖에도 오늘은 실내화를 가져가는 날과 실내화를 안 가져가는 날 기호, 선생님이 화가 났다는 표시, 친구에게 주는 경고 표시, 칭찬 표시 등을 그림으로 그려 기호로 정하기도 하였다. 교실에서 선생님이 싸운 친구나 거친 말이나 행동한 친구에게 주는 경고 기호로는 큰 노란색 나뭇잎을 쓰기로 하였다.

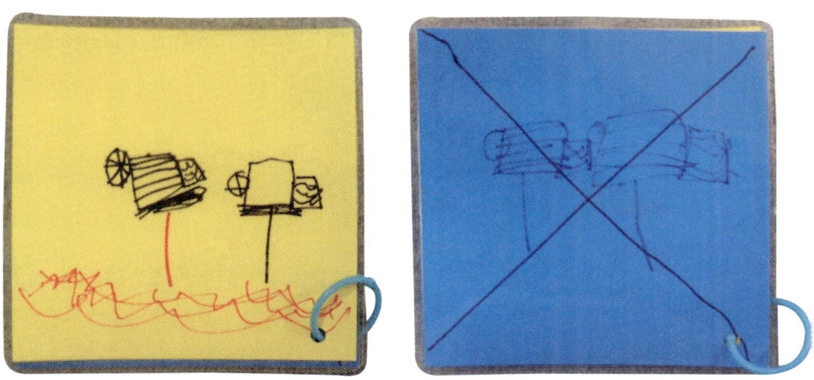

실내화 가져 가는 날 표시와 가져가지 않는 날 표시

5) 집에서 만들어 온 기호들이 있어요

가정에서도 유아들과 기호를 찾아보고 깃발이나 상패의 마크, 운동선수 마크, 학교 마크, 기업 마크 등을 다양하게 보내 왔는데, 그것을 소개하는 시간을 가졌다.

엄마, 아빠, 동생, 나를 나타내는 표시나 부엌, 안방, 거실 등을 나타내는 표시, 집안의 안전을 위한 표시, 칭찬과 벌의 표시 등을 의욕적으로 가정에서 만들어 보내 주었고 이를 통해 가정에서도 기호의 편리함을 알고 가족과 함께 정해야 기호로써 의미가 있음을 자연스럽게 알 수 있었다. 가족이 각자 좋아하는 음식이나 물건으로 그림을 그려 표시를 정하거나 칭찬의 경우 무지개 그림을, 벌 표시의 경우 번개 그림을 보내오는 등 집에서도 많은 기호들이 만들어져 소개되었다.

유아들이 집에서 찾아온 기호들(학교 마크, 십자가, 신문에서 오린 것 등)과 가족과 함께 만들어 온 기호 게시판

부모님이 만들어 온 가족 표시

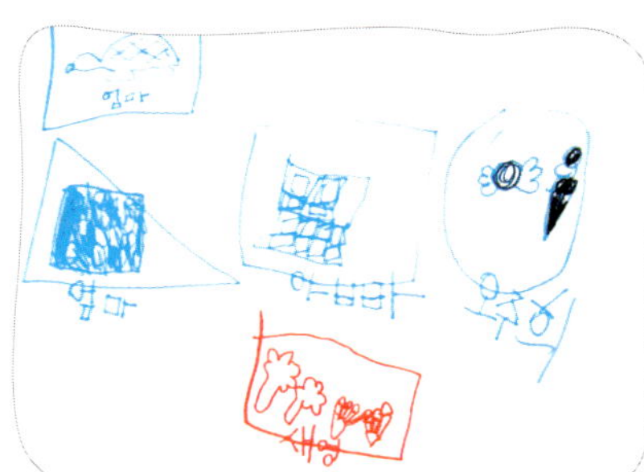

유아가 생각한 가족 표시(엄마 : 전기장판, 아빠 : 컴퓨터, 자신 : 장신구와 과자, 동생 : 딸랑이와 양말)

6) 앞마당에서 필요한 기호들이 있어요

교실에서 필요한 기호들을 만들어 보고 가정에서 만든 기호도 소개하자 유아들은 바깥 놀이를 하면서 필요한 기호를 만들어 쓰고 싶어 하였다. 주로 안전과 관련된 표시를 많이 만들었다.

바깥 놀이공간에서 필요한 안전, 알림과 관련된 기호들을 많이 만들었고 서로 매우 관심을 가지고 친구들이 그린 표시 기호를 유심히 보고 뜻을 생각해 보며 지키려 애를 썼다.

유아 1 : 땅을 팠으니 가까이 오지 마시오.
유아 2 : 모래집 만든 것을 부시지 마시오.
유아 3 : 여기 고구마가 많이 심어져 있으니 파보시오.
유아 4 : 높이 올라가지 마시오.
유아 5 : 오늘은 축구하는 날/안 하는 날 입니다.
유아 6 : 공이 날아오니 사진 찍지 마시오.
유아 7 : 미끄럼틀에서 친구 밀지 마시오.
유아 8 : 상자 안에 그릇을 섞어 담아 놓지 마시오.

바깥 놀이터에서 쓸 수 있는 기호들

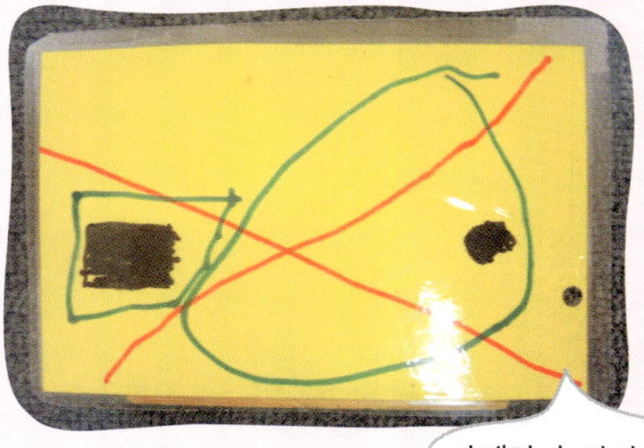

카메라나 비디오로
찍지 마시오.

바다, 보트가 있는 선착장 표시
(모래 놀이 구성물)

강아지 밥 먹지
마세요(오물 주의).

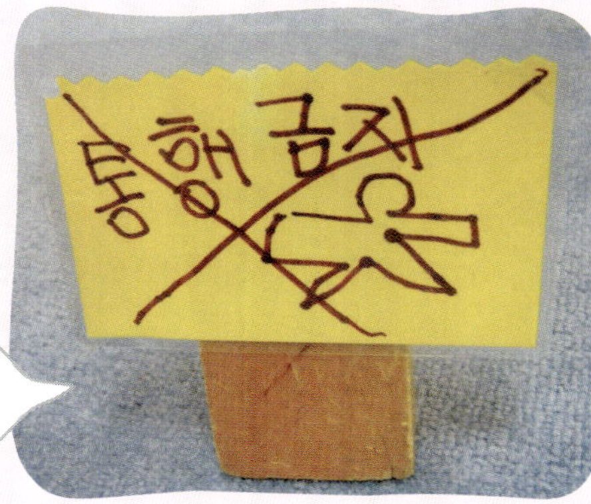

통행금지(함부로
들어오지 마시오)

텃밭을 밟지 마시오.
고구마가 있음

밀거나 때리지
마시오.

7) 무게를 잴 때도 기호가 필요해요

과학 영역에서 유아들은 양팔저울과 추를 가지고 다양한 가을 열매들의 무게를 재보고 이를 관찰지에 기록해 보았다. 유아들은 처음에 열매의 무게를 추의 개수로 표시할 수 있다는 것에 관심을 보였다. 열매 몇 개에 추 몇 개를 실험지에 기록하여 무게에 대해 유아들이 기준을 가지고 쉽게 이해할 수 있도록 하였다.

양팔 저울에 무게를 재보는 모습

다양한 형태의 균형판 저울

좁고 긴 널판지 저울

넓은 널판지 저울

물웅덩이 모양(자유형) 널판지 저울

무게 측정 실험의 순서

- 첫 번째 실험 : 저울에 다양한 물건을 올려 무게를 재보자.
- 두 번째 실험 : 교실에서 3가지 물건을 선택하여 어느 것이 무거울지 예상해 보고 재어 비교하자.
- 세 번째 실험 : 양팔 저울 한쪽에 열매를 올려 놓고 다른 쪽에 추를 올려 무게를 재보자.
- 네 번째 실험 : 유아들이 만든 숫자 · 무게 비교 기호를 사용하여 무게를 재고 기록해 보자.
- 다섯 번째 실험 : 좁고 긴 널판지 위에, 넓은 널판지 위에 한쪽에는 열매, 한쪽에는 동전을 놓아 널판지를 평평하게 해보자(무게를 같게 해보자).
- 여섯 번째 실험 : 물웅덩이 모양(자유형) 널판지 위에 한쪽에는 열매, 다른 쪽에는 동전을 놓아 널판지를 평평하게 해보자(무게를 같게 해보자).

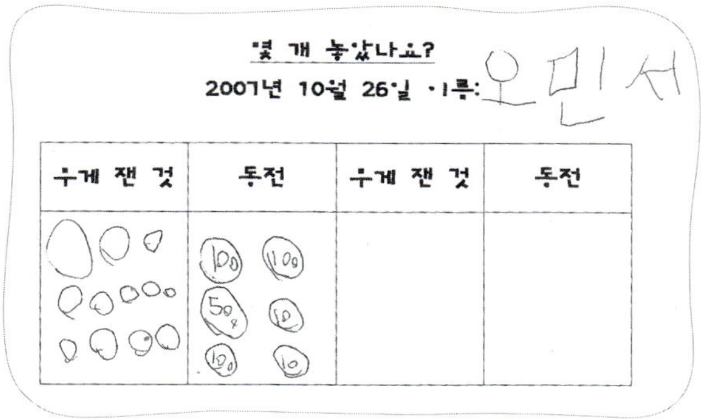

무게를 잰 열매 개수와 동전의 개수 기록지

다양한 균형판을 사용하여 각 열매의 무게를 비교해 보고 동전을 추로 사용하여 균형을 잡아 무게를 재보았다.

무게에 대한 개념이 어느 정도 생기자 유아들과 물체를 측정하거나 측량할 수 있는 잴 수 있는 여러 가지 말에 대해 찾아보기 시작하였다.

푸른솔반 유아들이 측정 기호를 만들기 위해 찾은 다양한 말

무겁다/가볍다, 길다/짧다, 없다/있다, 크다/작다, 조각이다/하나다, 두껍다/얇다
많다/적다, 더하다/빼다, 자르다/합치다, 올리다/내리다, 누르다/펴다

실험용어로 물질을 변화시킬 수 있는 많은 상태의 반대어를 이야기 나누기를 통해 끌어 낼 수 있었다. 이 중 유아들이 이해하기 쉬운 무겁다/가볍다와 길다/짧다, 두껍다/얇다 등을 측정 기호로 만들어 볼 수 있게 하였다.

유아들이 만든 측정 기호

무겁다	가볍다	길 다	짧 다
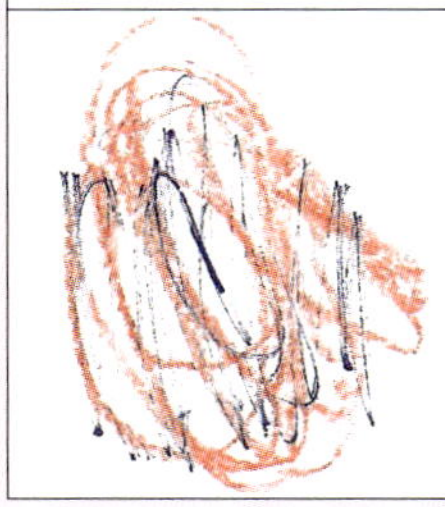			

많 다	적 다	두껍다	얇 다
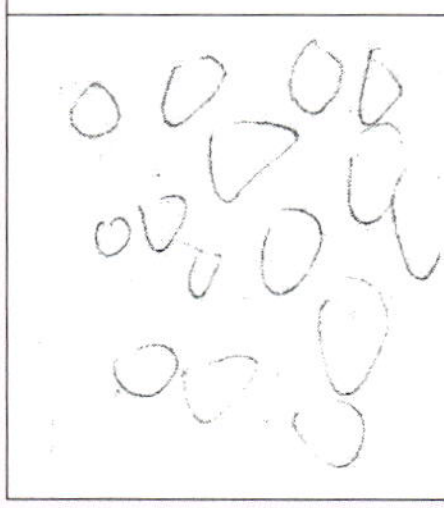	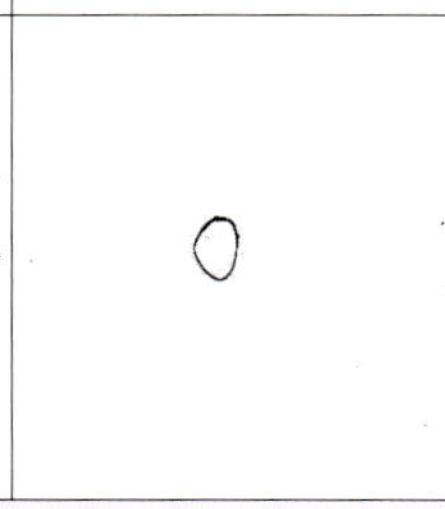	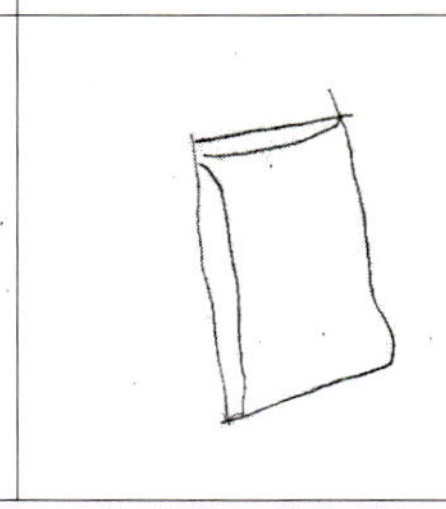	

무겁다	가볍다	길 다	짧 다
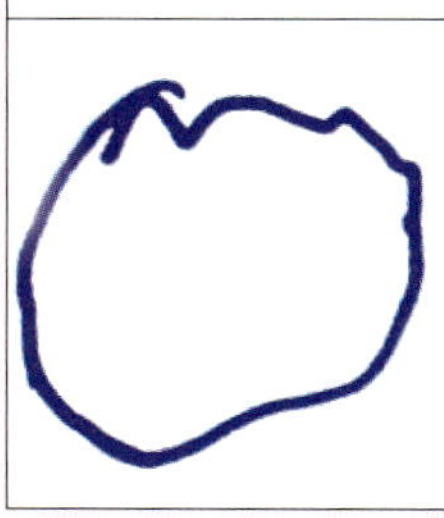	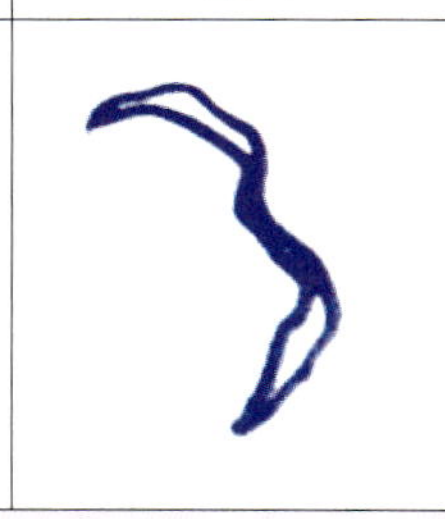	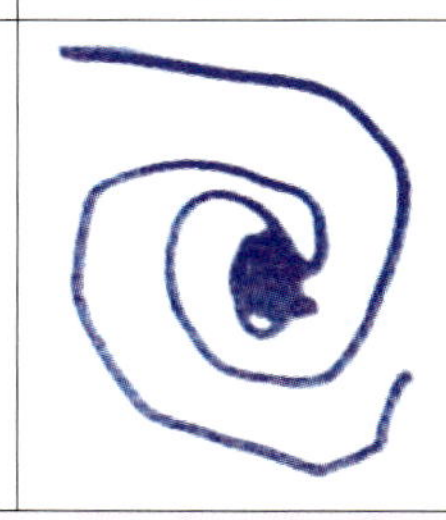	

무겁다 : 도르래를 올리며 땀을 흘리는 모습, 도르래가 잘 올라가지 않음
가볍다 : 땀도 안 나고 짐이 줄을 따라 금방 올라감

무겁다	가볍다	길 다	짧 다

이렇듯 유아들이 이해하고 있는 무게나 길이에 대한 개념들이 다양한 물건을 차용하거나 이미지나 점, 선, 면 등을 사용하여 유아들이 만든 기호에 그대로 나타났다. 마치 상형문자처럼 그림으로 그 상태를 나타내는 기호도 보였다. 이렇게 만들어진 측정 기호는 유아들이 직접 실험을 할 때 상태를 나타내는 그림 기호로 실험지에 기록되었다.

3. 가장 많이 사용하는 기호 · 문자를 창의적으로 바라보기

문자는 현대에서 가장 많이 쓰이는 기호이다. 문자는 말이나 소리를 눈으로 볼 수 있도록 적기 위한 일정한 체제의 부호이다. 인간의 1차적인 의사소통방식을 언어(입말)라고 하면 문자는 2차적인 의사소통방식이다. 인류가 눈으로 볼 수 있는 기호의 필요성을 느끼게 된 것은 언어가 시간적으로는 전개됨과 동시에 사라지고, 공간적으로는 멀리까지 전달될 수 없다는 약점을 지니고 있기 때문이며, 따라서 이를 보완할 수 있는 문자를 고안해 내기에 이르렀다. 이렇듯 기호 중 큰 비중을 차지하는 문자를 유아들과 함께 깊이 있게 알아보고 디자인해 볼 수 있도록 계획하였다.

1) 글자는 기호의 한 종류예요

다양한 생활 기호에 대해 알아보던 중 한글날이 다가왔고 한글날의 의미를 이야기 나누게 되었다. 현재 가장 널리 쓰이는 기호인 글자에 대해 시기적절하게 알아 볼 수 있는 좋은 기회가 되었다.

처음에는 한글에 대해 막연히 말이나 글이라고 생각했던 유아들은 필요에 의해 생겨난 한글에 대해 다시 생각해 볼 수 있었고 글자가 생기고 만들어지는 과정에 대해 저절로 생기는 것이 아니라 여러 사람의 노력에 의해 오랜 시간 동안 만들어지고 변화해 간다는 것을 알 수 있었다.

교사 : 한글을 만든 사람은 누구일까? 세종대왕이시지, 왜 만드셨을까?

유아 1 : 우리나라 글자가 없어서 새로 만들었어요.

유아 2 : 사람들이 너무 몰라서 글자를 만들었어요.

유아 3 : 사람들이 책을 읽을 수가 없어서 글자를 만들게 됐나봐요.

유아 4 : 편지를 쓸 수가 없어서 직접 찾아가서 만나야 해서 불편해서 글자를 만들었어요.

유아 5 : 임금님이 글을 모르는 사람들이 불쌍해서 우리나라 글자를 만들었어요. 그런데 글자가 없으면 어떡해요? 자기 이름도 못 쓰고 아무것도 못 읽잖아요. 그러면 임금님이 글자를 만들기 전에는 어떻게 했어요?

교사 : 그 전에는 중국의 글을 가져다 글씨를 쓸 때 썼단다.

유아 1 : 한문이요? 나 한문 배워요. 좀 어려운데, 그러면 다 한문으로 써요? 진짜 힘들었겠다. 나는 '생일' 자만 한문으로 잘 쓸 수 있는데.

유아 3 : 한글은 세종대왕님이 혼자 만드셨나요?

교사 : 아니란다. 오랜 시간에 걸쳐 여러 사람과 생각하고 의논해서 만드셨단다.

유아 3 : 정말 힘들었겠다. 그래서 우리는 지금 한글을 금방 배울 수 있는 거구나.

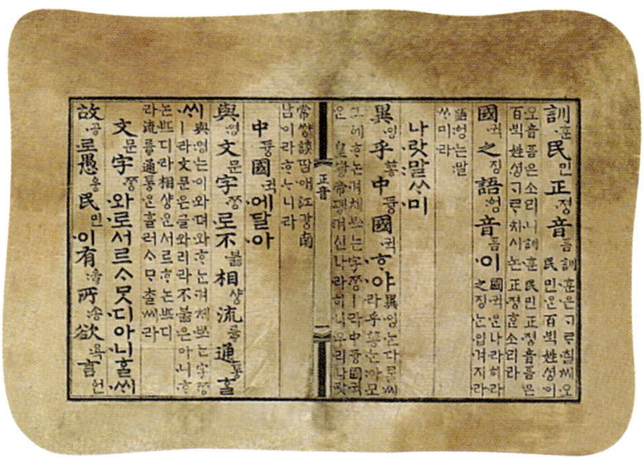

한글을 창제하신 세종대왕과 훈민정음 언해본

2) 사람들이 쓰는 글자는 변해요

한글에 관심을 가지기 시작하면서 훈민정음 언해본, 그리고 옛 한글본들을 크게 만들어 소개하고 유아들이 자유롭게 책상에 앉아 친구들과 함께 아는 글자를 찾아볼 수 있게 하였다. 유아들은 처음에는 알고 있는 모음과 자음을 찾다가 차츰 글자 자체의 생김새가 지금 알고 있는 글자와 다르다는 것을 찾아 내었다.

이렇듯 옛날 한글본을 보며 유아들의 그 형태와 지금 글과의 차이점, 특성 등을 찾아 내었고 자연스럽게 기호의 한 종류인 글자가 변한다는 것을 알아갔다.

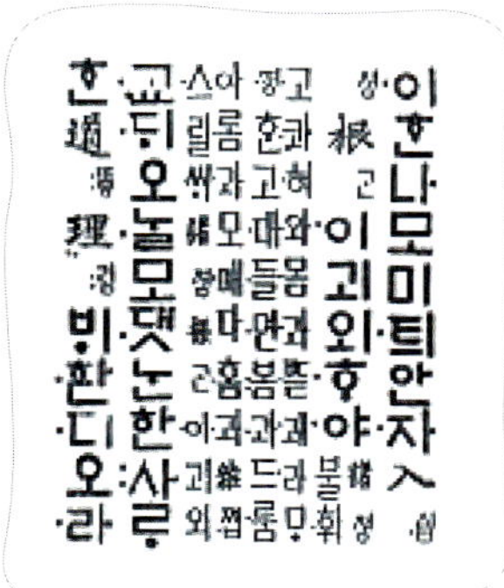

이건 이, 니, 라 자에요. 이런 건 금방 읽을 수 있어.
그런데 글자에 점이 많이 있어요. 점을 많이 찍어서 썼나 봐요.
이 글자는 어떻게 읽어요? 무슨 자에요. 나 동화책 다 읽을 줄 아는데, 이건 없어요.
옛날 글자는 지금 글자랑 많이 달라요. 어떤 건 읽을 수 있고 어떤 건 잘 모르겠어요.
한자도 같이 있어요. 글자가 옆에 써 있고요. 두 개를 같이 썼어요.
글씨를 잘 썼어요. 또박또박 잘 썼어요.
나는 잘 모르지만 한글을 정말 잘 만들었다고 생각해요. 한자는 너무 어려워요.
이집트 사람들처럼 그림으로 글자를 만들어도 좋았겠어요.

3) 쓰는 사람이 나타나는 것이 글자예요

글자는 기호의 한 종류이다. 현재에는 글자를 통해 사람들은 가장 쉽게 생각을 전하고 있다. 그러나 요사이 컴퓨터로 글을 쓰기 시작하면서 직접 쓰는 글씨는 점점 사라지고 있다. 이러한 손글씨의 매력과 형태, 특성을 알아보기 위해 다양

교사 : 이 글씨를 쓴 사람은 어떻게 썼을까?

유아 2 : 첫 글자는 굵게 다른 글자는 얇게 썼어요.

유아 1 : 첫 번째 글자는 빨리 휘릭 썼고요. 두 번째부터는 천천히 썼어요.

유아 3 : 볼펜이 아니라 붓으로 글씨를 쓴 것 같아요.

유아 2 : 저는 이 글씨를 할아버지가 쓴 것 같아요. 할아버지가 될 때까지 열심히 써야 이렇게 쓸 수 있을 것 같아요.

교사 : 이 글씨를 쓴 사람은 어떻게 썼을까?

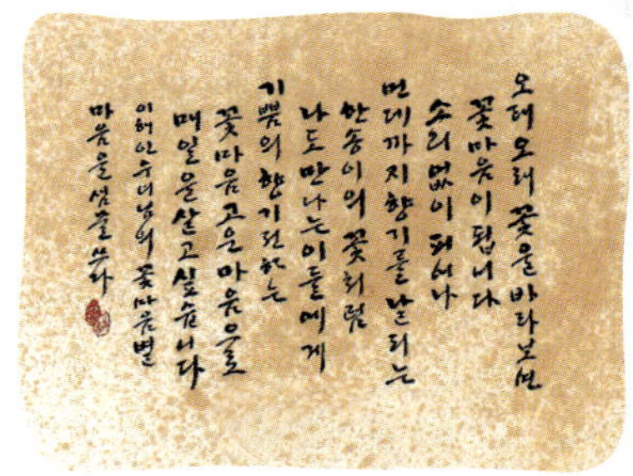

유아 1 : 읽으려니까 이상해요. '마이매꽃기나한먼' 이상해요.

교사 : 그렇게 읽는 걸까? 어떻게 읽으면 뜻을 알 수 있을까?

유아 2 : 사람들이 못 알아보게 장난치는 글인가봐요.

유아 3 : 우리가 잘 모르는 글 같아요.

교사 : 위에서 밑으로 한 줄씩 읽어보면 어떨까?

유아 2 : 아, 이건 "매일을 살고 싶습니다" 와, 저 읽었어요.

유아 1 : 위에서 밑으로 글자를 쓰는 사람도 있다. 진짜 읽기 어려워.

유아 4 : 선생님, 이 글자를 쓴 사람도 이상해요. 점을 많이 찍었어요.

교사 : 왜 점을 찍었을까?

유아 1 : 신기하게 보이려고요. 사람들이 많이 보라고.

유아 2 : 점을 찍으면 글자를 더 많이 쓸 수 있으니까 종이를 아끼려고.

유아 3 : 글자로 그림을 그리려고 이렇게 썼어요.

유아 2 : 쓰는 것이 어려울 것 같아요. 쓰고 나면 자랑스러울 것 같아요.

유아가 다양한 글씨체로 써본 자신의 이름

한 한글 서체를 감상하였다.

서체에 대해 감상하고 차이와 쓰는 법, 쓴 사람의 생각 등에 대해 이야기를 나눠 본 후 유아들이 가장 자신 있게 쓸 수 있는 이름을 다양한 방법으로 쓰기를 시작해 보았다.

유아들은 자신의 이름을 다양한 글씨체로 써보면서 형태와 쓰는 방법에 따라 이름이 다르게 보이는 것을 신기해 하였다. 그리고 나서 이야기 나누기 시간에 화이트보드에 칸을 그려 주고 유아가 나와서 각자 자신의 이름을 써보게 하였다.

이름 쓰기에서 시작된 글자 쓰기 탐색을 통해 유아들은 쓰여진 글자의 특성과 차이점을 찾아보면서 점차 글자를 쓴 사람에 대해 이야기를 시작하였다. 결

글씨에 대한 유아들의 생각 패널

국 유아들은 서체 비교 감상과 직접 다양하게 써보기, 이름 보며 이야기 나누기를 통해 글씨를 보면 쓴 사람의 성품을 알 수 있다는 생각을 하였다.

교사 : 나와서 이름을 한번 써보자. 이 네모 안에 자신의 이름을 쓰는 거야.
세 사람이 나와서 써 보도록 하자. 이 세 친구의 쓴 이름에서 같은 점은 무엇일까?
유아 1 : 이름이 모두 세 글자에요.
유아 2 : 이름에 모두 'ㄱ'이 들어가요.
유아 3 : 두 친구 이름에는 모두 'ㅏ'가 들어가요.
유아 1 : 모두 잘 썼어요. 모르는 글자 없이 모두 다 썼어요.
교사 : 그럼 다른 점은 무엇일까?
유아 1 : 글자 크기가 달라요. 한 친구는 크게, 다른 친구는 작게 썼어요.
유아 2 : 한 친구는 동그랗게 한 친구는 네모나게 이름을 쓴 것 같아요.
유아 3 : 한 친구는 가운데 썼어요. 한 친구는 위에 썼어요. 한 친구는 몰려서 옆으로 썼어요.
유아 2 : 한 친구는 진하게 썼어요. 한 친구는 흐리게 썼어요.
유아 1 : 한 친구는 엄청 빨리 썼어요. 한 친구는 천천히 썼어요.
유아 2 : 그런데요. 남궁소라 선생님은 이름이 네 글자예요. 우리는 다 세 글자인데.
유아 3 : 그리고요, 내 친구 중에 나랑 이름이 똑같은 친구가 있어요.
교사 : 그래? 이름이 똑같아? 그러면 그 푸른솔반 유현준 친구 유현준이 와서 이름을 쓰면 푸른솔반 유현준과 똑같이 쓸까?
유아 3 : 네, 이름이 똑같으니까요.
유아 2 : 아니. 그 유현준은 이 유현준이 아니니까 아마 이름이 같아도 다르게 쓸 것 같아요.
유아 1 : 아까 ○○이가요. 엄청 빨리 썼는데요. ○○이는 만날 빨리 하라고 줄설 때 밀어요.
유아 2 : 맞아요. 만날 빨리해요.
유아 3 : □□이가 쓴 이름은요. 둥글둥글 커요. □□이는 작지만 진짜 마음은 둥글둥글 예쁜 친구예요.
유아 2 : △△이는요. 만날 이름을 아주 작게 써요. 잘 안 보여요.
유아 1 : 나는 이름을 크게 쓰고 싶은데요. 크게 잘 안 써져요.
유아 3 : 이름을 쓰면요. 그 이름에 친구가 들어 있어요.
유아 1 : 에, 그게 무슨 소리야? 친구가 작아지나?
유아 3 : 아니 그게 아니고 친구가 이름을 쓰면 우리는 친구가 어떤지 알 수 있다고.

4) 내 이름 글자를 새롭게 디자인해요

유아들이 글자로 하는 디자인에 관심을 가짐에 따라 가장 자신 있게 쓸 수 있는 글자인 이름과 관련된 전각작품들을 소개하고 자신의 작품임을 나타내는 기호로 쓸 수 있음을 소개하였다.

유아들은 이름을 가지고도 나름의 독특함을 나타내어 도장을 만들어 나만의 것을 표시하는 것을 알았다. 전각이름을 감상한 후 자신의 이름을 원 안에 다시 디자인하여 쓰게 했는데, 그냥 쓰던대로 쓰는 것이 아니라 새로이 나만을 나타낼 수 있는 이름으로 만들어 볼 것을 이야기하였다. 유아에 따라 가운데, 옆으로 치우쳐서, 위로, 아래로 공간을 차지하고 쓰고, 글씨 크기나 자음과 모음을 재배치하는 형태도 달라 재미있게 그 차이를 비교할 수 있었다.

이름을 새롭게 디자인하고 있는 유아들의 모습과 결과물

5) 기호로 하는 디자인은 재미있어요

기호에 대해 다양하게 역사와 종류를 알아보면서 그 중에서도 유아들이 가장 접하기 쉬운 기호인 글자에 대해 좀더 열린 시각을 가지고 심미적인 탐색을 해보기 위해 디자이너 이상봉의 다양한 한글 프린트 옷과 한글 디자인의 티셔츠들을 소개하게 되었다.

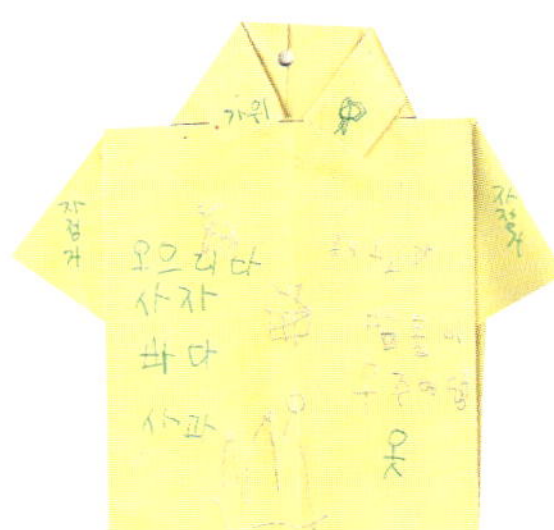

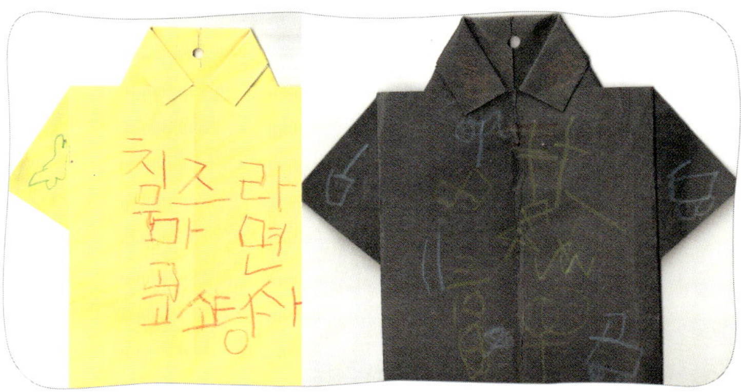

다양한 한글 프린트 옷과 유아들의 디자인

유아 1 : 티셔츠에 디자인을 할 때 아무렇게나 꽉 차게 쓰면 예쁘지 않아요.

유아 2 : 가운데만 채우거나 위에만 쓰거나 하면 예뻐요.

유아 3 : 나는 과일 이름을 쓸 줄 알아요. 과일 이름 쓸래요.

유아 4 : 글자로 디자인하니까 옷이 참 예뻐요. 그림보다 더 좋아요.

유아 5 : 글자가 꼭 무늬 같아요. 좋아하는 글자가 있으면 옷에 넣고 다니면 좋겠어요.

유아 6 : 내 이름이랑 가족 이름을 넣어서 입고 소개하고 다니고 싶어요.

유아 7 : 모자나 양말, 신발에 글자를 넣어도 좋을 것 같아요.

디자이너 이상봉의 작품들

다양한 재료에 글자로 디자인하기

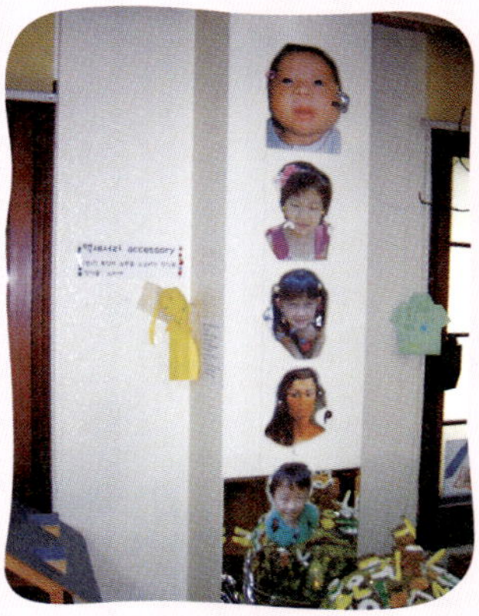

나는 내 이름에서 'ㅅ'과 'ㅇ',
'주'자를 사용해서 목걸이도 만들고
귀걸이도 만들었어.
나는 영어로 내 이름에서 'K'와 'J'로
머리띠 장식을 만들었어.
이름 목걸이를 하니까 이름을
여러 번 이야기 하지 않아도
다 알 수 있어.
엄마들은 큰 목걸이알을 좋아하지만
나는 작은 글자로 만든
목걸이알이 좋아.

티셔츠 디자인을 할 때는 그냥 쓰지 않고 먼저 티셔츠 종이본에 원하는 메시지를 디자인해 본 후 적당한 것을 골라 쓰도록 하였다. 완성된 티셔츠는 나만의 글자 디자인 티셔츠로 반의 셔츠로도 입도록 하였다.

옷 디자인뿐 아니라 액세서리에도 글자를 도입하여 귀고리나 목도리, 혹은 브로치 등에 유아들이 직접 아연판에 자신의 이름에서 모음이나 자음을 찾아 다양한 필체로 그리고 이를 교사가 잘라 주어 자른 글자를 원하는 부분에 원하는 디자인을 하여 액세서리를 만들어 볼 수 있게 하였는데, 자신의 얼굴 사진이나 명화 속 얼굴 사진 중 선택하여 액세서리를 만들게 하였다.

이러한 경험을 통해 유아들은 글자를 사용하여 어떤 뜻을 전달할 뿐 아니라 스스로의 즐거움과 미적인 것을 위해서도 사용할 수 있음을 알게 되었다.

6) 글자 조각의 포즈에 기호를 만들어 붙였어요

유아들의 글자에 대한 관심이 높아지면서 기호의 한 종류면서 가장 많이 쓰이는 기호로써의 글자를 사용하여 책을 만들거나 할 뿐 아니라 기호 자체로 디자인도 할 수 있음을 소개하기 위해 스페인의 유명 조각가 자우메 플렌사(Jaume Plensa)의 글자로 구성한 인간 조각들을 소개하고 그것에 대해 이야기를 나눠보았다.

유아들은 글자로 다양한 조각을 만든 것을 재미있어 하며 조각에 크게 관심을 보였다. 조각상이 하고 있는 포즈를 자연스럽게 따라해 보며 웃기도 하였다. 이러한 점에 착안하여 유아들끼리 통하는 색깃발 기호를 정하기로 하였다.

인간 조각의 포즈를 다섯 가지 깃발 기호로 나누어 빨간 깃발은 무릎 꿇은 조각, 파란 깃발은 두 발을 안고 앉은 조각, 금색 깃발은 무릎 세우고 쳐다보는 조각으로 정했고 마지막 검은 깃발은 조각의 포즈에서 떠나 자유롭게 움직이는 기호로 정하였다.

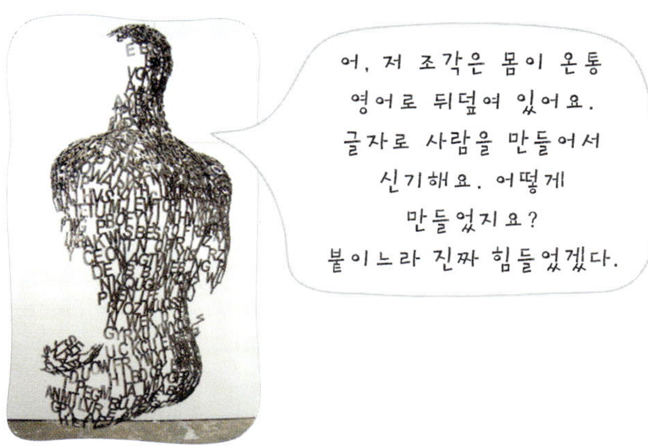

빨간 깃발 : 무릎 꿇은 조각 포즈

파란 깃발 : 두 발 모으고 앉은 조각 포즈

금색 깃발 : 무릎 세우고 쳐다보는 조각 포즈

검은 깃발 : 조각의 포즈에서 떠나 자유롭게 움직이는 포즈

그냥 조각의 포즈를 보여 주고 따라하는 것이 아니라 깃발을 주시하며 깃발의 색에 따라 정해진 포즈를 취하는 것이라 더 집중이 필요했는데, 유아들은 함께 정한 색깃발에 따라 즐겁게 표현하였다.

이렇듯 조각의 포즈를 색깃발 기호로 정하고 몸으로 표현해 보는 과정을 통해 말로 하거나 길게 쓰기보다 서로 합의한 기호로 전달할 때의 편리함에 대해 확실하게 느낄 수 있었다. 유아들은 기호를 정해 그에 맞춰 움직이는 것을 매우 좋아하였고 오히려 교사가 활동을 제시하고 그대로 신체표현을 하거나 너무 열려 있어 자유롭게만 하는 표현활동보다 적절한 자유로움과 함께 스스로 정한 기호에 따라 몸움직임을 연관하여 움직이는 것에 집중하여 즐거움을 나타냈다.

주어진 색깃발에 따라 정해진 포즈를 취하는 유아들

7) 우리가 글자로 조각을 만든다면?

글자 조각에 대해 의욕이 높아짐에 따라 지점토를 재료로 주고 글자 자음과 모음을 만들기 시작하였다. 지점토로 사람이나 물건은 만들어 봤어도 글자는 처음 만들어 보는 유아들은 처음에는 어렵다고 하다가 그 형태에 익숙해진 후에

글자로 조각을 만드는 유아들

난 'ㄱ'이 무엇인지 알아.
내 생각엔 '가'라고 부를걸.
찰흙으로 글자 만드는 것이 너무 어려워.
어떻게 만들어요?
'ㅇ'은 쉬워. 동그랗게 납작이를 만들고
안을 파내면 돼.
난 'ㅁ'도 만들 수 있어.
창문처럼 만들면 돼.
오, 'ㄱ'은 뒤집으니 'ㄴ'이 되는 걸.
'ㄹ'이 진짜 어려워요.
'ㄷ'을 두 개 거꾸로 붙여야만 되거든요.
난 'ㅅ'을 만들거예요. 막대기 두 개를
만들어서 지붕처럼 하면 돼요.

는 파면 'ㄱ' 이나 'ㅁ' 이 되자 재미있어 하며 계속해서 끊임없이 만들어 냈다. 자진하여 가운을 입고 앉아 글자를 만들면서 자신의 이름을 만들어 보거나 다른 모음을 친구에게 알려 주며 다양하게 글자를 구성하였다. ㅊ이나 ㅎ은 어려울 것으로 생각했는데, 간단히 연결하여 만들었고 ㅍ이나 ㅋ까지 만들려는 의욕을 보였다.

이렇듯 글자 조각을 만들면서 자연스럽게 글자의 형태를 비교하고 서로 결합시키거나 구성을 뜯어 볼 수 있었다. 만들어 가는 과정을 관찰하면서 유아들이 어떤 테마로 어떤 의미를 주는 작품을 만들지 궁금하였다.

어느 정도 글자 조각이 구성된 후 만든 글자 조각을 늘어 놓고 반구 형태의 아크릴을 보여 주며 어떻게 구성할지 두 팀씩 계획하게 하였다. 유아들은 예전에 만들어 놓은 다양한 글자 조각을 얼굴에 대어 보며 이렇게 할지 저렇게 할지 신이 나서 참여하였다.

유아들은 아크릴 반구 형태를 조각의 머리로 생각하고 글자로 머리를 만들어 보고 싶어 하였다.

처음엔 원래 조각과 비슷한 조각을 계획했는데, 유아들은 눈 · 코 · 입에 절묘하게 맞는 글자 조각을 찾아 귀여운 글자 로봇 얼굴이 되었다. 앞머리와 머리카락, 안테나, 귀 등을 붙여 주면서 몇몇 남아의 경우 입체적으로 글자 조각을 세워 붙이는 모습을 보이기도 하였다. 완성된 글자 로봇은 역할 영역과 조형 영역에 전시되어 유아들의 사랑을 받았다.

완성된 글자 로봇

8) 이집트 그림글자에 멋진 동작을 붙여 보아요

유아들에게 이집트 상형 기호문자 4개를 확대한 것을 소개하고 이집트에서 사용한 이유를 생각해 보았다. 유아들은 그때는 글자가 없기 때문에 그림으로 글자 대신 썼다고 이야기하였다. 그래서 문자마다 동작을 정해 보았는데, 새 · 사자 · 전기문양 · 긴 꼬리 뱀문양 4가지에 어울리는 멋진 동작들이 만들어졌다.

새 모양 그림글자

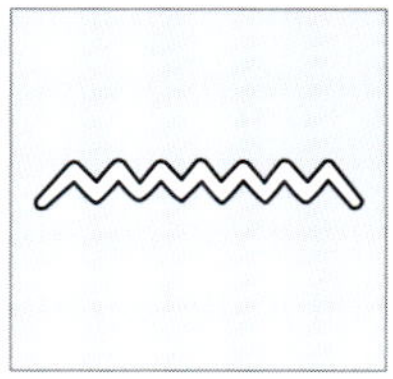

동작 : 한 발 들고 양손을 뾰족하게 하기

전기 모양 그림글자

동작 : 엎드려 한 발 뒤로 빼고 상체 들기

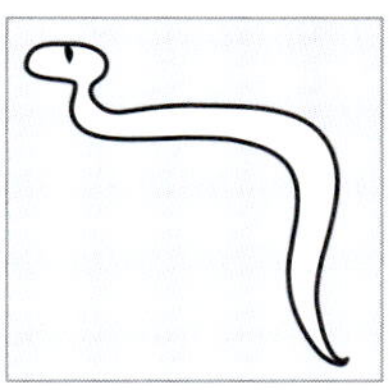

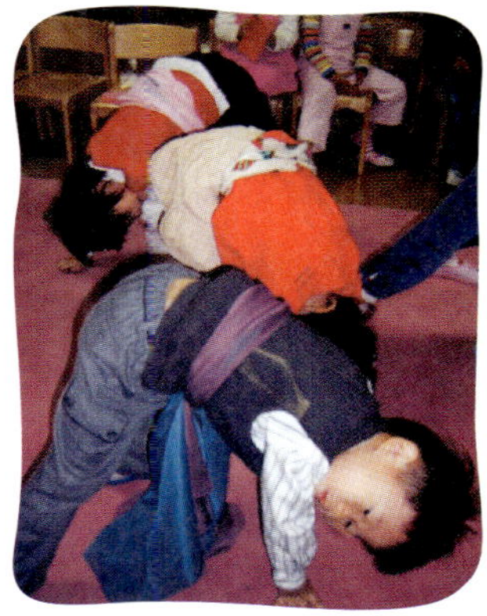

뱀 모양 그림글자

동작 : 팔을 뻗고 하늘보다 몸을 둥글리기

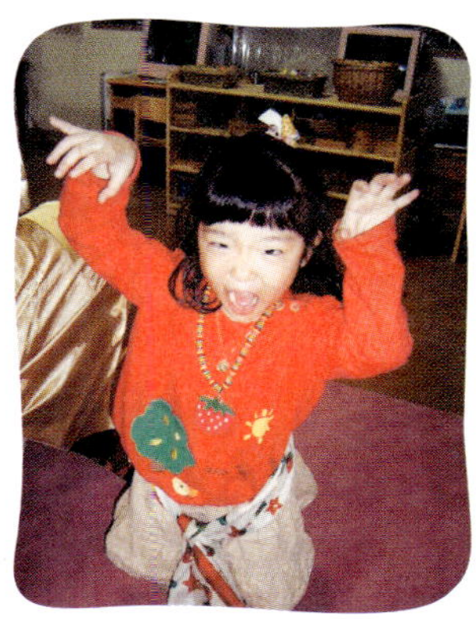

사자 모양 그림글자

동작 : 손을 발처럼 모았다가 '어흥' 하고 손 뻗기

정해진 기호를 보고 다양한 동작을 취하는 유아 모습

다양한 동작을 정해진 기호를 보고 취하는 것이라 유아들의 순발력도 볼 수 있었다. 보는 유아들도 즐거워하며 동작을 해보거나 감상하였다. 유아들이 다양하게 포즈를 취해 보면서 동작과 기호를 매치시켜 하는 활동을 무척 즐거워하여 동작 기호에 대한 유아들의 기대감이 크다는 것을 알 수 있었다. 꼭 안전이나 편리를 위한 기호만을 알아볼 것이 아니라 유아들이 움직이는 즐거움을 느낄 수 있는 동작과 관련된 기호를 정해 표현해 보는 것도 교육적으로 가치가 큰 것 같다.

9) 기호에 대한 생각을 모아 시를 만들었어요

기호에 대해 유아들이 다양하게 경험함에 따라 기호에 대한 유아들의 생각을 한번 모아 보았다. 이를 바탕으로 시를 짓기로 하였는데, 유아들은 시를 '짧은 글', '노래로 부를 수 있는 것', '반복되는 소절이 있는 것' 등으로 이야기하였다. 기호에 대해 시를 짓기 위해 어느 정도 기호에 대해 이해하고 있는지 궁금했는데, 이야기를 나눠 보면서 유아들이 기호의 종류와 역사, 되기 위한 조건 등에 대해 상당히 이해하고 있음을 알 수 있었다.

기호에 대한 우리들의 시

– 푸른솔반 유아들

기호는 이상해. 요상해.
원시인도 쓰고 우리도 쓰고 외계인도 써.
기호는 웃겨. 재미있어.
잘 모르는 기호도 있어. 재미없는 기호도 있어.
기호는 알려줘. 무엇인지 어떻게 해야 하는지
기호는 잘 보이게 해줘. 표시는 편리해.
기호 안에 글자도 그림도 들어갈 수 있어.
잴 수 있는 기호들을 우리들이 만들었어.
기호는 세모, 네모, 동그라미 모양 속에 있어.
기호는 써야 돼. 쓰지 않는 것은 기호가 아니야.
기호는 많이 생각해야 해. 생각주머니를 크게 해줘.
혼자서 만들면 기호가 아니야, 같이 정해야 기호야.
기호는 멋있어. 그림이어도 멋진 그림이야.

이렇듯 기호에 대한 생각을 시로 지어 읽어봄으로써 다양한 기호에 더 친숙해지고 그 동안 알아본 것을 즐겁게 나누는 경험을 할 수 있었다.

4. 미래의 기호에 대한 생각 나누기

과거와 현재를 잇는 다양한 기호에 대해 알아보고 현재 가장 많이 쓰는 글자에 대해서도 다양하게 생각해 보았다. 이런 경험을 바탕으로 직접 필요한 기호를 만들어 보고 공유하게 되었고 기호를 사용하는 즐거움을 알 수 있었다. 이를 바탕으로 유아들이 성인이 된 후 사용할 미래의 기호에 대해 생각해 보는 시간을 갖게 되었다.

1) 시간 여행 : 타임머신을 만들어요

유아들이 옛날 사람들의 생활과 의사전달방법에 관심을 가지면서 역할 영역에 옛날로 시대를 거슬러 날아갈 수 있는 타임머신을 계획하게 되었다. 우주선 형태로 우선 종이 상자를 활용하여 세워 놓자 역할 영역의 인기가 아주 높았다.

유아들은 타임머신이라는 장소 자체를 무척 좋아하면서 우주복, 핸들, 시계, 조명 등이 좀더 필요하다고 이야기하였다. 이 타임머신을 타고 어디로 가는 것인지 교사에게 물었는데, 아마 원시인들이 사는 동굴로 가는 것 같다고 이야기하자 그렇다면 동굴에서 할 수 있는 놀이로 돌멩이, 목탄 등으로 글씨 쓰는 놀이, 찰흙 놀이 등을 하면 좋겠다고 제안하였다.

유아들은 타임머신을 타고 과거로 가는 여행을 매우 흥미로워하면서 옛 동굴에 가면 무엇을 볼 수 있을 것인지, 어떤 놀이를 할 수 있을 것인지 고려하는 모습을 보였다. 한 번에 다 갖춰져서 시작된 놀이가 아니라 놀다가 필요하면 이야기 나누기 시간에 건의하여 차례대로 타임머신과 동굴에 필요한 것들이 갖춰져 갔다. 나중에는 타임머신 쉬는 날과 타임머신 가는 날 기호까지 만들어 문에 붙이기도 하였다.

먼저 계기판이 필요해. 타임머신이
움직이려면 출발단추,
도착단추, 그리고 여러 가지 조절 버튼,
광선이 나오는 버튼,
변신할 수 있는 버튼 아무튼 버튼들이
아주 많이 필요하다고.

타임머신에 대한 유아들의 생각과 만들어 가는 과정

타임머신에서 입는 옷이요. 선생님 무슨 표시를 많이 달아야겠어요. 그리고 동굴에서 입을 원시인 옷도요.

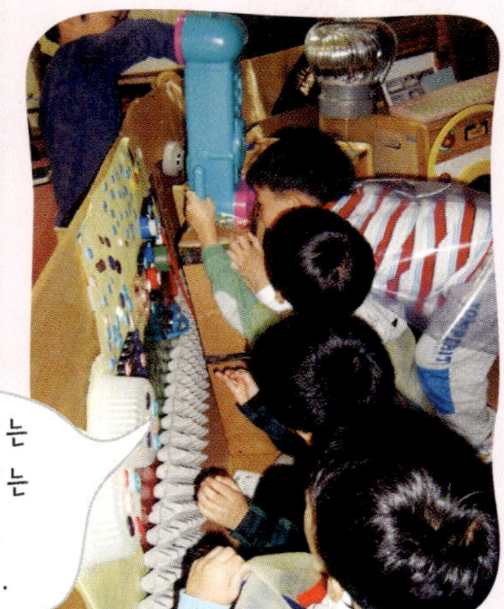

시계와 망원경도 필요해요. 옛날로 갈 때는 시계 바늘을 반대로 돌리고 미래로 갈 때는 바늘을 앞으로 더 빠르게 계속 돌려요. 어디만큼 왔는지 망원경도 꼭 필요해요.

옛날 동굴 탐험을 할 때 안 다치려면 단단한 모자도 필요해요.

컴퓨터 프로그램과 핸들,
선장 자리도 필요해요.

동굴 입구에는 원시인이
그린 벽화를 붙여요.

찰흙판을 파서 그림글자판을
만드는 동굴 놀이가
있으면 좋겠어요.

찰흙판을 파는 도구들과 준비된 찰흙판

직접 파서 글씨랑 그림을
새겨 보고 싶어요.

동굴 속에는
옛날 사람들이
만든 것 같은
찰흙인형도
많이 있어야
해요.

시간의 띠가 필요해요. 이 띠는
타임머신이 지금 얼마나 빠른가
알려줘요.
내 띠는 타임머신이 있는 곳이
옛날인지, 지금인지, 미래인지
있는 곳을 알려줘요.
이 띠는 시간을 1,000만큼 거슬러 가
는지 2,000, 3,000, 4,000, 5,000
얼마나 많이 가는지
알려 주는 띠예요.
내 띠는 옛날에는 무엇을 볼 수
있는지, 미래에 가면 무엇을 볼 수
있는지 미리 물건을 그려서
알려 주는 띠예요.

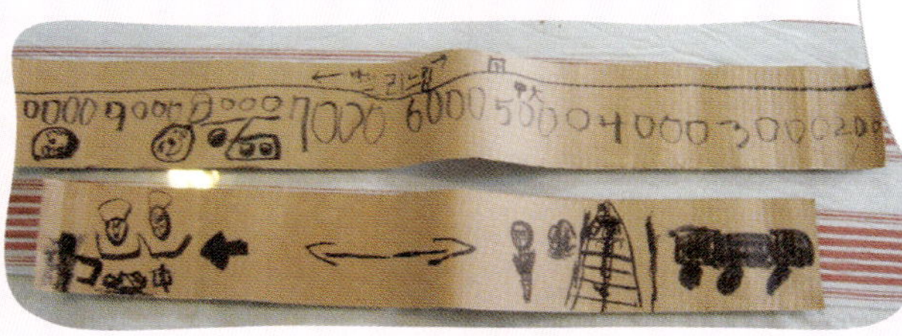

2) 미래에 사용할 기호를 예상해 보아요

과거와 현재와 미래를 이어 보기 위해 미래에 사용할 그림 기호도 생각해 보게 하였다. 유아들은 미래라는 이미지를 생각하며 여러 가지 상상을 하였다.

이렇듯 과거와 현재, 미래의 그림 기호를 생각해 보고 차례로 만들어 보면서 이를 시간의 흐름에 따라 배열하여 아크릴판에 겹겹이 끼워 유아들이 어느 것이 예전 기호이고 어느 것이 지금 기호, 미래에 쓸 기호인지 거리상으로 이해하기 쉽게 하였다.

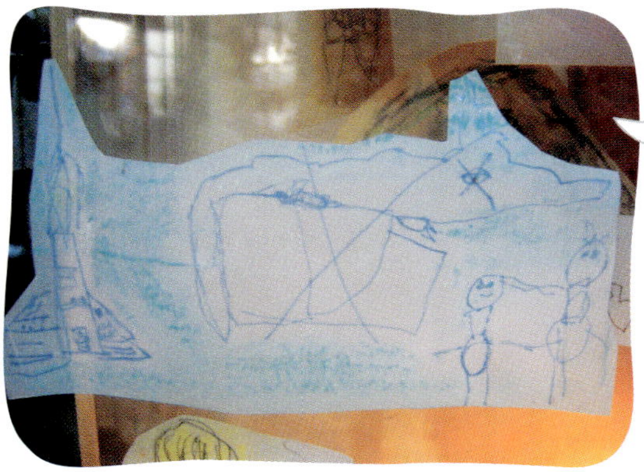

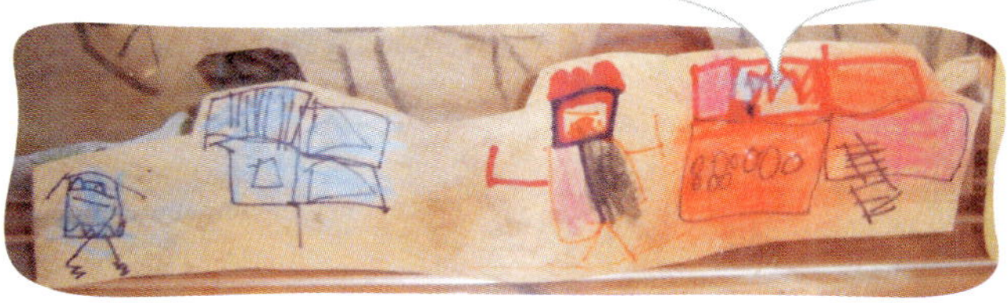

과거 · 현재 · 미래를 표현한 아크릴 기호판

3) 미래의 기호 : 컴퓨터가 궁금해요

컴퓨터 특히 인터넷은 정보의 장이며 의사소통 수단과 매개체로 큰 역할을 하고 있다. 이에 컴퓨터에 대해 유아들과 이야기 나누기를 해보고 관련망을 구성해 보았다.

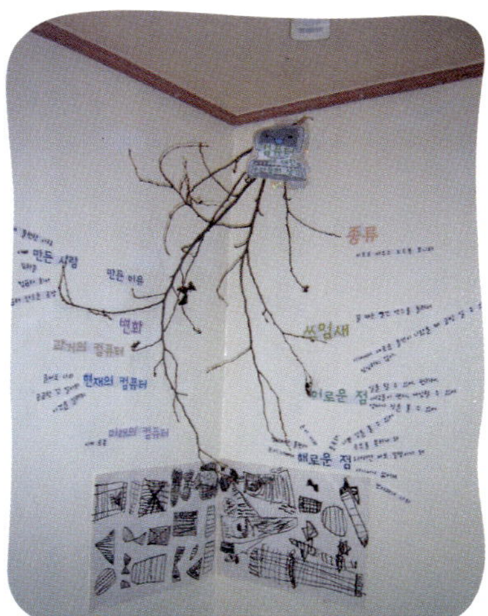

유아들과 이야기 나누기를 통해 구성한 컴퓨터 주제망

컴퓨터에 대한 유아들의 이해

① **컴퓨터를 만든 사람 :** 아빠, 일하는 데 불편한 사람, 우리반 친구, 컴퓨터 회사, 컴퓨터 만드는 공장

② **컴퓨터의 명칭 :** 노트북, 키보드, 마우스, 모니터, 본체

③ **과거의 컴퓨터 :** 계산기, 주판

④ **현재의 컴퓨터 :** 글씨 나와, 시간 알려줘, 궁금한 것 알려줘.

⑤ **미래의 컴퓨터 :** 로봇, 말하는 컴퓨터

⑥ **컴퓨터의 이로운 점**
- 일을 빨리 할 수 있어 편리해.
- 가게에 새로운 물건이 나왔을 때 금방 알 수 있어.
- 심심하지 않아.
- 엄마가 장을 볼 수 있어. 아빠가 일을 할 수 있어.
- 사람들이 편지 쓸 수 있어. 게임할 수 있어.

⑦ **컴퓨터의 해로운 점**
- 나쁜 것들을 볼 수 있어.
- 오래하면 머리가 나빠지고 아기씨가 없어져.
- 오래하면 눈도 따갑고 나빠져.
- 안 움직여서 뚱뚱해져.
- 게임만 해서 게임 중독돼.
- 망가지면 일을 아무것도 할 수 없어.

컴퓨터에 대해 브레인스토밍을 하면서 이로운 점과 해로운 점, 사용할 수 있는 범위, 과거와 현재와 미래의 변화 등에 대해 유아들과 자유롭게 이야기를 나눠 볼 수 있었다. 특히 컴퓨터의 편리함과 위해에 대해 이미 많은 것을 알고 있었다. 유아들이 좋아하는 게임이나 동화, 그림 그리기 등을 이미 능숙하게 컴퓨터상에서 하고 있었기 때문에 컴퓨터 사용에 대해 다시 한번 되돌아보고 유아들과 장 · 단점을 이야기해 보는 시간으로써의 의미가 컸다.

4) 컴퓨터 나라를 만들어요

컴퓨터에 대해 자세히 이야기를 나눠 본 후 내부의 모습은 어떨지 컴퓨터를 뜯어 부속을 꺼낸 후 가상의 컴퓨터 나라를 만들어 보게 하였다. 유아들은 다양한

컴퓨터 속의 부품을 사용하여 구성하였는데, 블록으로 길을 이어 현실세계에서 컴퓨터 속 세계로 가는 길을 구분하기도 하였다. 컴퓨터 나라에서도 지켜야 하는 보물로 프로그램과 칩을 보관하는 창고를 만들고 그 주위에 다양한 부품을 배치시켜 중요하게 지켜야 할 공간과 쉴 수 있는 공간으로 나누기도 하였다.

5) 컴퓨터 부품으로 입체 기호를 만들어요

컴퓨터 부품을 사용한 기호 만들기를 계획하였다. 처음부터 부품을 바로 붙여 명명하는 것이 아니라 먼저 판을 정해 만들고 싶은 기호를 부품을 올려 완성하고 이를 설계도로 그리게 한 후 전체와 부분을 충분히 보고 다음날 붙이게 하였다. 유아들은 처음에는 붙이지 않고 부품을 모아 표시를 만든다는 것을 이해하지 못했으나 표시처럼 만든 후 설계도를 그리고 마지막으로 붙이는 과정을 통해 나타난 결과에 만족스러워 하는 모습을 보였다. 설계도의 경우에도 사용한 부품의 색이나 형태 등을 잘 그려 내어 유아들의 세부 묘사능력이 상당히 높아졌다.

다양한 미래의 기호들을 만들기 시작하면서 기호의 의미가 무엇인지 좀더 명확하게 알아가는 것을 볼 수 있었다. 입체로 된 기호는 유아들에게 무언가 누를 수 있고 변형 가능하며 원래대로 복원도 된다는 개념도 살려 줄 수 있었다. 또한 지금 만들 수 없거나 사용하지 않더라도 미래에 사용할 수 있는 기호에 대해 다양한 관심을 가지고 만들어지는 원리에 대해 생각해 볼 수 있었다.

전기공장으로 가는 길 기호 :
손으로 만지면 파란 전기가
끝에서 끝으로 왔다 갔다
한 후 어디로 가야 하는지
도착할 때까지 화살표를
계속 바꿔 보여 줘요.

배치 후 자세한 설계도를 그리는 모습

유아들이 생각한 미래의 입체 기호

손으로 공중에 만드는 동작을 하면
저절로 만들어지는 공원이 있어요.

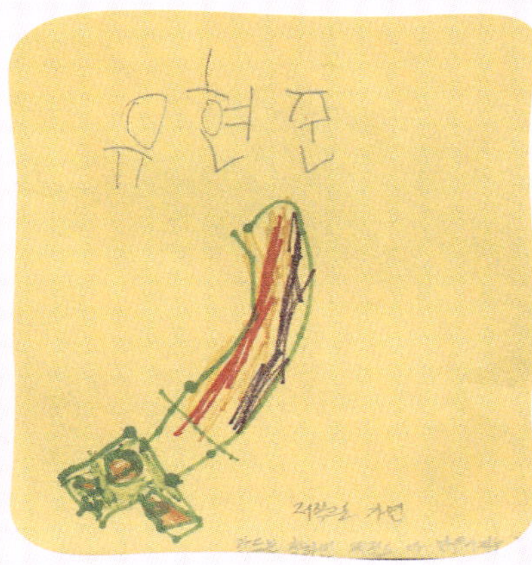

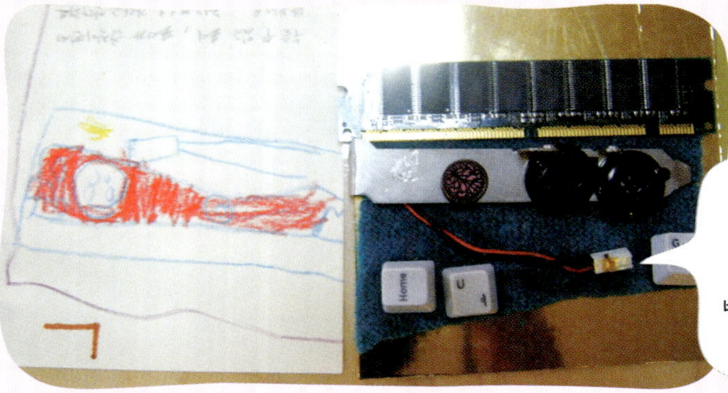

누를 수 있는 기호로
분홍 단추를 누르면
표시가 물렁물렁해지면서
변해서 손가락 모양이 되어
원하는 곳을 알려 줘요.

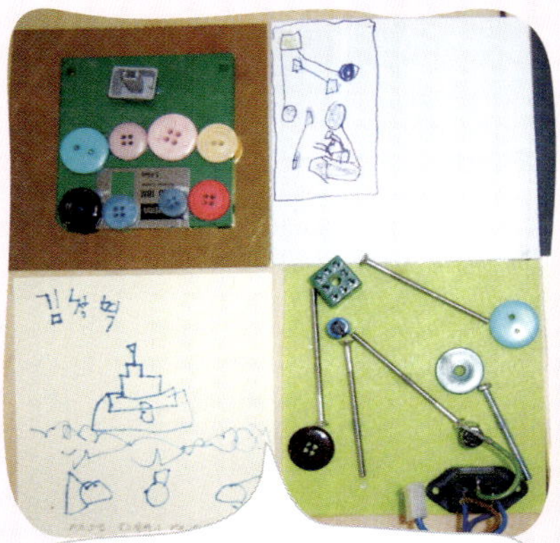

물고기를 연구하는 연구소 기호와
안전하게 지켜지고 있는
컴퓨터 금고의 기호예요.

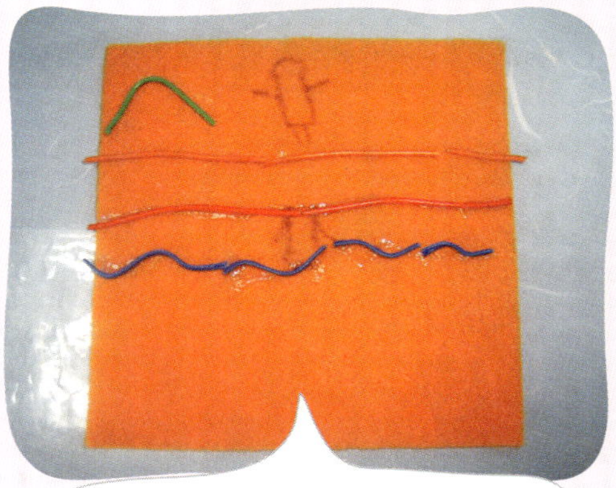

평온한 마음을 나타내는 기호예요.
만든 이유는 미래에도 평온한
마음이 필요하니까요.

미래의 '사랑해요' 기호예요.

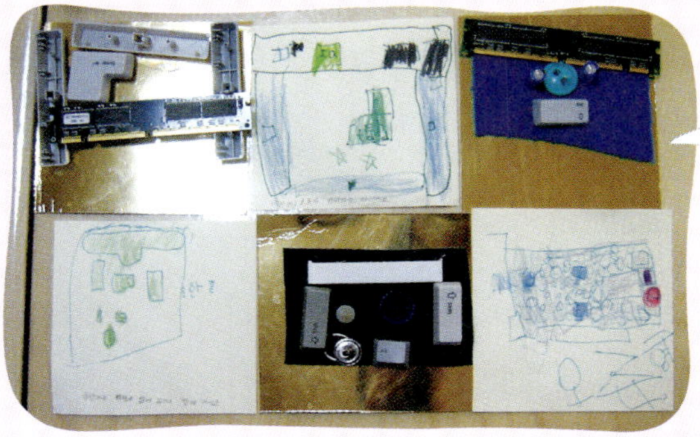

미래의 로봇 축구선수단의 기호, 사람을 태운 로봇만 건너갈 수 있는 다리 기호, 컴퓨터 속으로 들어가는 입구 기호예요.

'꽃을 보호하고 사랑해요' 기호예요. 만든 이유는 미래에도 꽃은 아름답게 필 테니까.

6) 지금 기호들이 미래에 모두 사라진다면?

이러한 표시들이 모두 갑자기 한꺼번에 사라진다면 어떤 일이 벌어질 것 같은지 생각을 나눠보도록 하였다. 유아들은 기호가 없을 때 안전하지 않은 생활을 가장 민감하게 생각해 내었다.

안전과 생활을 편리를 위해 기호 표시들이 존재하고 있음을 잘 이해하고 그 반대 상황에 대해 다양하게 생각하는 모습을 보였다. 또한 기호가 우리 생활에

기호가 미래에 모두 사라진다면?

강물에 자동차가 뛰어든다. 아파트 앞이라는 표시가 없어 차가 무섭게 달린다. 신호 표시가 없어 차끼리 부딪친다. 먹구름이 끼고 사람들이 도망다닌다. 벽과 모든 곳이 썰렁해진다. 백화점과 경찰서가 어디 있는지 몰라 찾다가 집에 가야 한다. 경찰들이 표시가 없어져서 민소매티를 입고 도둑들을 잡으러 다닌다. 버스정거장이 어딘지 몰라 사람들이 우왕좌왕한다. 우주선이 표시가 없어 우주에서 폭발하여 지구로 떨어진다. 사람들이 어디로 어떻게 가야 하는지 모른다. 계단 표시가 없어 유아들이 많이 다친다.

유아들이 생각한 '미래에 기호가 모두 사라진다면'

표시가 없어서 아무것도 못 보고 차가 바다에 빠져요.

썰렁해져요. 재미없어지고요. 표시가 없어서 길이나 벽이 모두 비어 버려서 썰렁해요.

우주 정거장에서 로켓 버스 표시가 다 사라져 버려서 어디서 로켓을 타야 하는지 몰라요. 사람들이 이리저리 몰라서 뛰어 다녀요.

표시가 없어지면 사람들이 다시 만들어서 나눠줘야 해요. 비가 와도 얼만큼인지 표시가 없으니까 물에 막 잠겨요.

필요함을 뚜렷하게 인식하고 있음을 관찰할 수 있었다.

다양한 기호를 다뤄본 경험이 있는 유아들에게는 기호가 없어진다는 사실이 '안전을 위협하고', '아무것도 찾아갈 수 없으며', '매우 불편하고', '아름답지 않으며', '썰렁해지는 것'으로 인식되었다.

7) 미래에 우리가 쓸 기호들을 생각해요

유아들이 커서 쓸 기호에 대해 이야기를 나누면서 미래의 생활은 어떠할지 그런 생활 속에서는 어떤 기호들이 필요할지 이야기를 나눠 보았다. 유아들은 지금과는 다른 미래 세계의 모습에 크게 관심을 가지면서 그에 맞는 기호를 생각해 보았다.

미래의 표시에 대해 이야기를 나눠보면서 유아들은 꼭 로봇을 통한 편리한 생활이 좋지만은 않다(로봇이 고장나면 사람을 때릴 수도 있다)는 것을 알아냈고 그럼에도 미래 생활에 대한 기대감과 지금은 되지 않지만 미래에 될 수 있는 많은 것들을 유추해 냈다. 유아들은 스스로 나중에 성인이 되어 생활하면서 안전과 편리를 위한 기호와 즐거움을 위한 기호 등을 고루 생각해 내며 앞으로 다가올 미래를 즐겁게 기대하였다.

유아들이 생각한 미래에 우리가 쓸 기호들

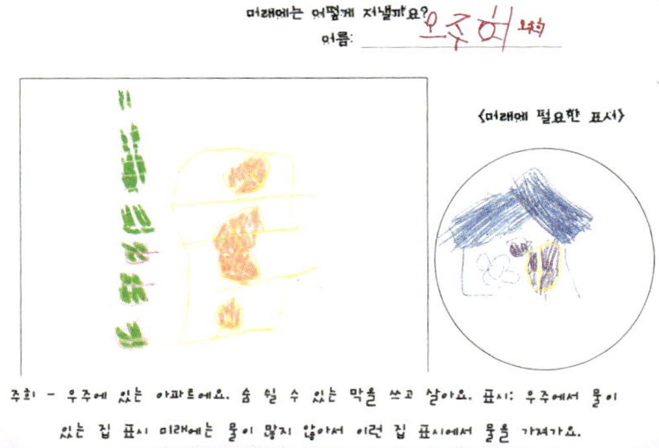

우주에 있는 아파트예요. 숨 쉴 수 있는 막을 쓰고 살아요. 우주에서 물이 있는 집 표시가 필요한데, 우주에는 물이 많지 않아서 이런 집 표시를 보면 사람들이 우주선을 타고 와서 물을 가져가요.

미래에는 해적선을 타고 우주를 날아다니며 지내요. 우주 행성에 살고요. 우주를 떠도는 해적이라 우주선을 빼앗아요.

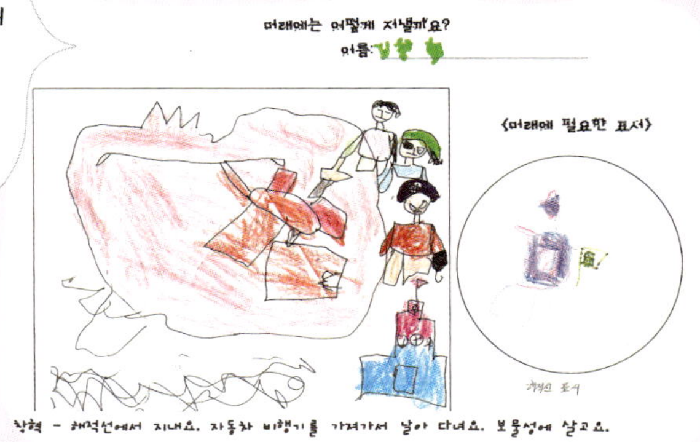

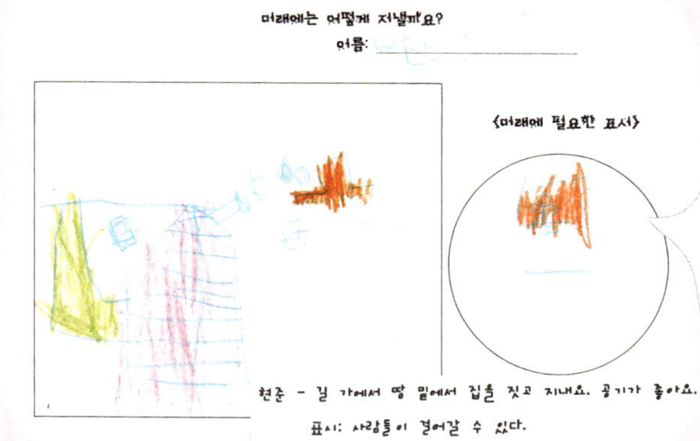

땅 밑에 집을 짓고 지내요. 땅 위는 오염되지만 땅 속은 공기가 좋아요. 땅 속에도 기호가 필요해서 무너지지 않는 땅 길에 걸어다닐 수 있음 표시를 세워요.

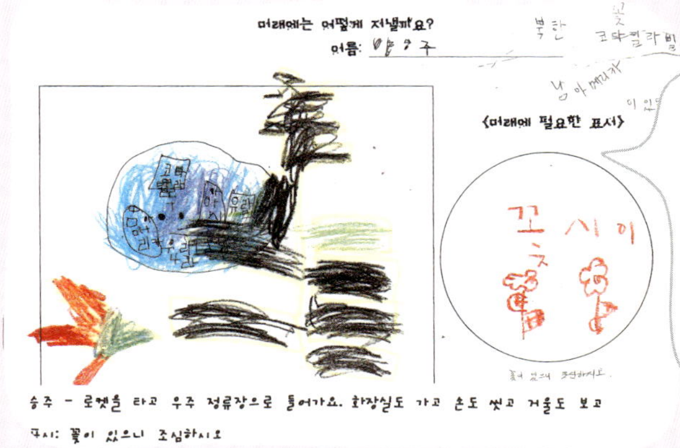

로켓을 타고 우주 정류장으로 들어가요. 화장실도 가고 손도 씻고 거울도 보고 다시 우주의 집으로 타고 가요.
표시는 우주에는 꽃이 귀해서 꽃이 있으니 조심하시오 표시예요.

미래에는 어떻게 지낼까요?

이름: 배윤빈

로봇 모양의 로봇을 타고
날아다니며 지내요.
로봇 요리사가 요리하는
식당 표시예요.

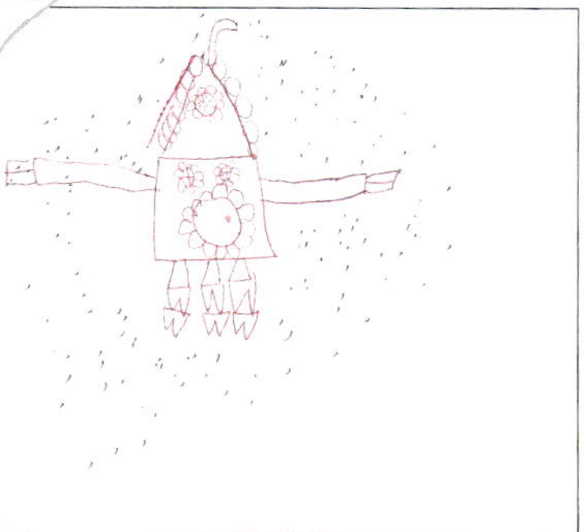

〈미래에 필요한 표서〉

로봇이 요리하는 식당

미래에는 어떻게 지낼까요?

이름:

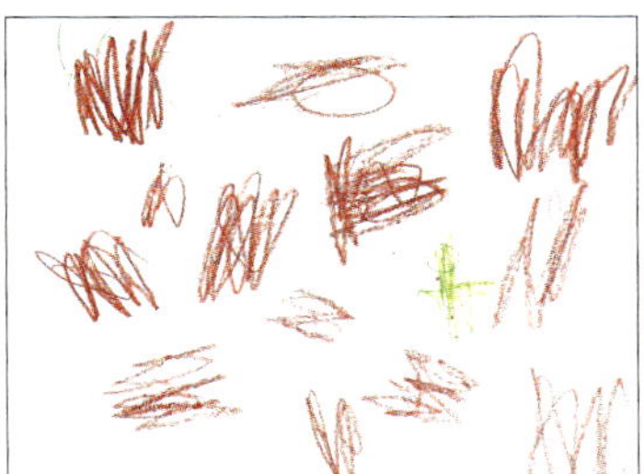

〈미래에 필요한 표서〉

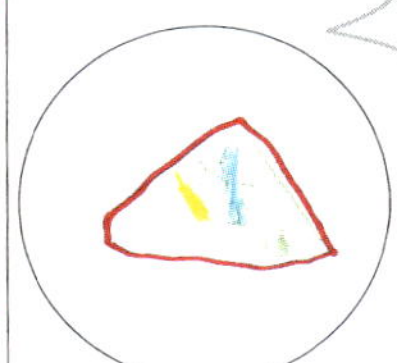

우주복을 입고 구름과 구름
사이를 날아 다니며 살아요.
구름을 원료로 음식을
만들어 먹어요. 로봇이
때릴 수 있으니 조심하시오
표시예요.

준형 - 우주복을 입고 구름과 구름 사이를 날아다니며 살아. 구름으로 음식을 만들어 먹어.
표시: 로봇이 때릴 수 있으니 조심하시오.

미래에는 어떻게 지낼까요?

이름: 박선우

〈미래에 필요한 표서〉

우주에서 신호를 보고
이 별에서 저 별로
건너갈 수 있어요.
우주에서 너무 뛰어 다니지
마시오 표시예요.

주제를 마치며

기호란 사람과 사람이 생각을 주고받기 위해 만들어 낸 매개체이다. 기호는 글자로, 그림으로, 소리로, 몸짓으로도 표현될 수 있다. 자신의 생각이나 감정을 실어 보낼 수단으로 기호는 오랜 역사를 가지고 인류 곁에 살아 왔다. '생각을 전하는 기호' 라는 주제를 다루면서 방대한 자료 중에 어떤 것이 교육적 가치를 지니며 유아들에게 적절하여 집중력을 유지하면서 다채로운 생각을 할 수 있을지 사전에 구분하고 선별하는 작업이 필요하였다.

기호의 역사, 기호가 생긴 이유, 변화과정, 우리 생활을 위한 필요성, 미적 가치를 위한 디자인, 과거, 현재, 미래의 기호 비교, 미래의 기호인 컴퓨터 작동과정, 함께 만들 수 있는 기호들, 동작을 나타낼 수 있는 매개체로써의 기호 등에 대해 유아들과 체계적으로 살펴보고 만들어 보고 즐거워하는 과정을 함께 하였다. 기호의 변화(시대, 필요성, 미적 가치, 편리, 의사전달 등)를 생각해 보고 기호를 소재로 한 창의적인 이야기를 지어 보았고 새로이 생각해 보는 과정을 함께 하였다. 기호라는 소재가 유아들의 상상력을 자극할 뿐 아니라 그 형태나 변화과정 등을 살펴보고 직접 만들어 사용해 보는 등 기하학적인 형태 관찰과 함께 기호의 사용·창작을 통해 과학적인 사고능력을 키워 줄 수 있다고 생각한다.

이러한 변형활동을 시도함에 있어 교사는 변화의 과정(proccess)보다는 변화의 산물(product)에 더 큰 비중을 두는 쪽으로 마음이 끌릴 수 있다. 그러나 변화를 시키는 과정이 항상 활동의 주안점이 되어야 한다. 즉, 변형활동은 결과 지향적이 되어서는 안 된다. 변화활동은 수많은 결과를 만들어 내기 때문에 한 가지 결과만을 강조하게 되지 않는다는 면에서 가치가 있는 것이다(Christtine Chaille & Lory Britain, 2000; 이종희, 2000 재인용).

기호는 그 변화과정이 세밀하고 재미있어 시간의 흐름에 따라 살펴볼 수 있으며 과학적으로 잘 전달하기 위한 매개체로 인류가 오랫동안 애써 생각해 낸 것들이다. 기호에 대해 애정을 가지고 알아보고 만들어 보는 과정을 통해 과학적 사고를 키워 주는 가치뿐 아니라 상상력과 창의성을 길러 주는 매체로써 기호의 역할도 훌륭하다고 생각된다. 유아들은 기호를 보며 이 세상에 꼭 필요한 것이나 그 동안 잘 모르던 것, 크기나 용도에 따라 편리하게 사용할 수 있는 것, 상상력을 자극하는 것, 함께 정해야지 혼자

정할 수 없는 것, 몸으로도 표현할 수 있는 것, 그림으로 그려져만 있는 것이 아니라 실제 생활이나 예술에서 활발하게 쓰이고 있는 것 등으로 매력을 느낀다. 인간이 사용해 오고 사용하고 있으며 사용할 기호들은 친숙하지만 낯설게 보이기도 하고 흔하지만 귀한 것이기도 하다.

기호를 알아보고 만드는 과정을 통해 유아들은 현상을 현상 자체로 그대로 이해하는 것이 아니라 변화하는 과정, 원인이 있다는 것을 알 수 있었고 다양한 상상의 나래를 맘껏 펼칠 수 있었다. 기호에 대해 알아보기 위해서 그 시대의 의식주 생활상에 대해 관심을 가지고 살펴볼 수 있었고 이를 통해 계속해서 이어지는 존재로써 인류의 역사를 다소간이나마 유아들이 풍부하게 느껴 볼 수 있었다. 또한 옛날 사회라고 해서 지금보다 미개한 것이 아니라 나름의 문명을 이루며 풍성한 생활을 했음을 기호를 통해 느낄 수 있었다. 유아들은 기호의 형태가 매우 아름답다고 느끼는 경우가 많아 다양한 기호를 접하면서 심미감을 느낄 수 있었고 왜, 어떻게 그 기호를 사용하게 되었는지 유추해 보기도 하였다. 이러한 기호와 함께 하는 과정 속에서 서로의 생각을 나누고 심미감을 키우며 미래에 대한 기대감을 가지고 사고를 확장할 수 있는 좋은 기회가 되었다고 생각한다.

시범 연구학교로 지정되어 분주한 마음으로 시작되었던 2007년! 마음을 가다듬고 과학활동 전 과정을 씨실 엮듯 다시 짜보면서 회상해 봅니다. 처음에는 '내가 과연 과학과 관련하여 의미 있는 교육활동을 할 수 있을까?', '아이들이 활동을 즐거워하지 않고 어려워하면 어쩌나' 등 걱정이 앞섰습니다. 그러나 첫 실험부터 활동 자료, 실험과정 하나하나를 진심으로 즐기며 탐구하는 유아들의 모습을 보면서 짜릿한 보람을 느낄 수 있었습니다. 교사보다 예리한 눈으로, 교사보다 열린 마음으로 민감하게 전 과정을 탐색하며 실험하고 기록해 준 유아들에게 감사의 마음을 담뿍 담아 꼭 안아 주고 싶습니다.

2008년 여름

푸른솔반 교사 손여민

Ⅲ 교사를 위한 교육활동안

Ⅲ 교사를 위한 교육활동안

1) 교육활동안 : 활동의 예 1

활동명	우리 생활 속에 표시들이 있어요	대상 연령	만 4세
		활동 영역	언어
교육 목표	• 생활 속의 편리와 안전을 위한 기호들에 대해 관심을 갖는다. • 모양이나 색에 따라 기호를 분류할 수 있다.		
활동 자료	다양한 생활 속 표시 사진, 그림 자료, 화이트보드, 마카, 종이, 필기도구  		
활동 내용	1. 신호등 노래를 부르며 집중한다 교사 : 어디서 신호등을 보았니? 신호등의 빨간(파란, 노란)불은 어떻게 하라는 것이니? 신호등은 왜 있을까? 신호등이 없다면 어떻게 될까? 누가 신호등을 만들었을까?		

활동 내용

2. 다양한 표시들을 소개하고 이야기 나눈다

교사 : 여기 있는 그림들을 자세히 보자. 혹시 봤던 그림이 있니?
어떤 모양이니? 어떤 그림들이 그려져 있니? 어떤 색깔이니?
이 그림들을 무엇이라고 부를까?
어디서 이 표시들은 보았니?
보았을 때 어떻게 했니? 어떻게 하라는 뜻일 것 같니?
이 표시들은 왜 만들게 되었을까?

3. 표시들을 공통점과 차이점으로 나눠 본다

교사 : 이 표시는 저 표시와 어떤 점이 다르니?
이 표시와 비슷한 표시로는 어떤 표시가 있을까?
테두리의 모양이 어떻게 생겼니?
왜 테두리가 있을까?
왜 표시의 테두리 모양이 다를까?
테두리색은 어떤 색이니? 왜 색이 다를까?

4. 알고 있는 표시들과 뜻에 대해 찾아본다

교사 : 우리가 알고 있는 표시로는 어떤 것이 있을까?
여기에 나온 표시 말고 또 알고 있는 표시가 있니?
내가 알고 있는 표시를 찾아 친구들에게 소개해 보자.
여기에 없는 표시를 그려서 친구들에게 보여 주고 소개해 보자.

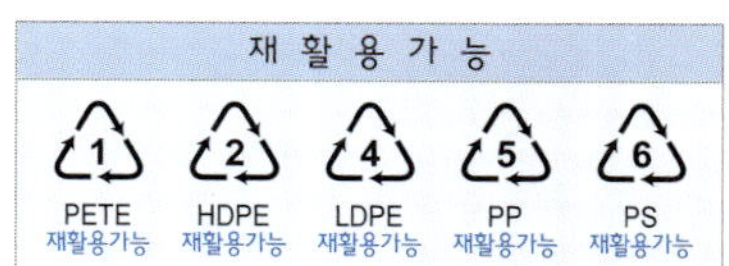

평 가

생활 속에서 편리와 안전을 위해 만들어 사용하는 기호들을 찾아보고 그 모양과 색 등에 대해 이야기를 나눠 보았다. 특히 이러한 표시의 경우 테두리를 구분하여 위험과 안전을 구분하는 것으로 썼다는 것을 알아보면서 기호의 요건으로 단순성과 구분되는 특성, 주목성 등을 생각해 볼 수 있었다. 또한 각 표시의 뜻을 유추해 보면서 원래 뜻과 다른 다양한 의미의 뜻을 생각해 내어 이야기를 나눠 볼 수 있었다.

2) 교육활동안 : 활동의 예 2

<table>
<tr><td rowspan="2">활동명</td><td rowspan="2">다양한 표시들을 만들어 봐요</td><td>대상 연령</td><td>만 4세</td></tr>
<tr><td>활동 영역</td><td>언어</td></tr>
<tr><td>교육 목표</td><td colspan="3">• 생활 속의 안전과 편리를 위한 기호들에 대해 관심을 갖는다.
• 다양한 기호를 그려 보고 뜻을 붙일 수 있다.</td></tr>
<tr><td>활동 자료</td><td colspan="3">다양한 생활 속 표시 사진, 그림자료, 화이트보드, 마카, 종이, 필기도구</td></tr>
<tr><td>활동 내용</td><td colspan="3">1. 다양한 표시들을 소개한다
교사 : 이 표시에는 어떤 그림이 들어 있니?
이 표시의 테두리는 어떤 색이니? 어떤 모양이니?
이 표시는 어디서 볼 수 있을까?
이 표시의 뜻이 무엇일까? 어떻게 하라는 것일까?
이 표시가 필요한 사람은 누구일까?

2. 표시를 만들 수 있음을 이야기 나누고 개별로 그려 본다
교사 : 여기 어떤 종이가 있니?(원, 세모, 네모)
원하는 종이를 선택하여 그리고 싶은 표시를 그려 보자.
테두리는 어떻게 하면 좋을까?
어떻게 그려야 표시 같아 보일까?

3. 그린 표시들을 소개하는 시간을 갖고 뜻을 유추해 본다
교사 : 어떤 표시를 그렸니? 이 표시 안에는 어떤 그림이 들어 있니?
테두리는 어떻게 그렸니?
생각하기에 친구가 그린 이 표시는 어떻게 하라는 뜻일 것 같니?

4. 유아들이 만든 표시와 뜻을 게시한다
교사 : ○○이가 그린 표시는 어떤 모양(색)이니?
어떤 그림을 그려 넣었니?
어떻게 하라는 표시였니?
만약 네가 저 표시를 그렸다면 어떤 뜻을 담고 싶니?</td></tr>
</table>

활동 내용	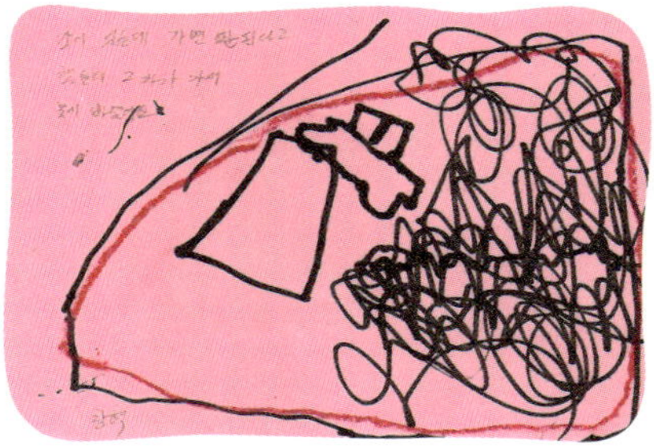   
평 가	다양한 표시를 살펴보고 직접 그려 보는 시간을 통해 유아들의 기호의 형태와 색, 테두리 등에 대해 정밀하게 관심을 가지고 알아 볼 수 있었다. 또한 새로이 유아들이 기호에 뜻을 붙여 소개함으로써 다양한 그림에 따라 새로운 뜻을 붙여 보고 그것에 대해 이야기 나눠 볼 수 있는 시간을 가졌다. 또한 같은 표시에 사람마다 다른 견해를 가질 수 있다는 것도 자연스럽게 알 수 있었다.

3) 교육활동안 : 활동의 예 3

<table>
<tr><td rowspan="2">활동명</td><td rowspan="2">우리나라 글자가 있어요</td><td>대상 연령</td><td>만 4세</td></tr>
<tr><td>활동 영역</td><td>이야기 나누기</td></tr>
<tr><td>교육 목표</td><td colspan="3">• 기호의 한 종류인 글자에 관심을 갖는다.
• 한글의 변화과정을 살펴보고 한글서체의 아름다움을 느낄 수 있다.</td></tr>
<tr><td>활동 자료</td><td colspan="3">그림동화 《한글날》, 훈민정음 언해본 복사본, 동화책, 다양한 한글서체본
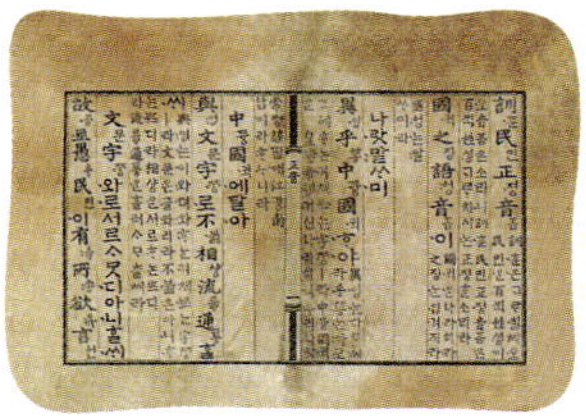  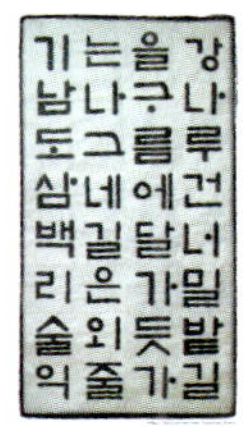
 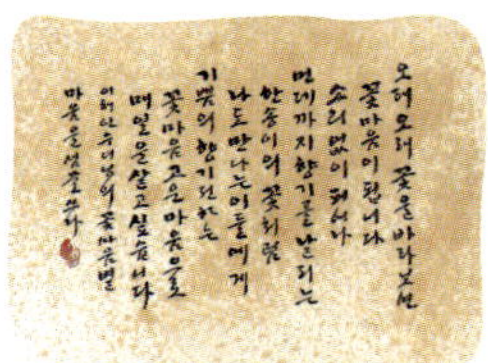 </td></tr>
<tr><td>활동 내용</td><td colspan="3">1. 한글날 이야기를 들려 준다
교사 : 한글날은 어떤 날일까?
한글은 어느 나라 글자일까?
한글을 언제, 누가 만들었을까?
한글은 왜 만들었을까? 어떻게 만들게 되었을까?

2. 훈민정음을 소개하고 지금 책과의 차이에 대해 이야기 나눈다
교사 : 이것이 처음 한글이 나온 책이란다.
이름을 훈민정음이라고 하는데, 백성을 바르게 이롭게 하는 글이라는 뜻이란다.
여기에서 아는 글자를 찾아보자.
여기에서 모르는 글자를 찾아보자. 그 글자를 본 적이 있니?
지금 책에 있는 글자와 비교해 보니 어떠니?
어떤 점이 다른 것 같니?

3. 다양한 한글서체를 차례로 소개한다
교사 : 이 글자는 어떻게 생겼니?
다른 글자와 어떻게 다를까?</td></tr>
</table>

활동 내용	이 글에서 아는 글자를 찾아보자. 어떻게 썼니? 무엇으로 쓴 것 같니? 진하게(흐리게), 흘려서(또박또박) 무엇을 눈에 띄게 썼니? 무엇을 작게 썼니? 이 글을 읽으려면 어떻게 해야 할 것 같니?(옆으로 밑으로) 이 글을 쓴 사람은 누구일 것 같니? 4. 유아들이 옛 글과 지금 글을 비교하여 이야기 나눈 것을 게시한다 교사 : 훈민정음에서 찾은 읽을 수 있는 글자와 지금 쓰지 않는 글자는 무엇이었니? 어떻게 쓴 글자를 찾아볼 수 있었니? 어떤 사람이 어떻게 쓴 것 같니? 어떻게 그 글을 읽을 수 있었니? 옛날 글과 지금 글을 비교해 보니 어떠니?
평 가	기호의 한 종류인 글자에 대해 유아들이 평소에도 많은 관심을 가지고 있었는데, 한글의 역사 소개를 통해 처음 한글에서 쓰던 글자나 한문을 덧붙인 것 등 지금 한글과의 많은 차이점을 비교해 볼 수 있었다. 또한 아름다운 한글서체를 소개하고 유아들이 쓰는 방법이나 쓴 사람에 대해 생각을 나눠 보고 어떤 글이 써 있는지 내용과 형식을 함께 살펴보았다.

4) 교육활동안 : 활동의 예 4

<table>
<tr><td rowspan="2">활동명</td><td rowspan="2">내 이름을 새롭게 디자인해요</td><td>대상 연령</td><td>만 4세</td></tr>
<tr><td>활동 영역</td><td>조형</td></tr>
<tr><td>교육 목표</td><td colspan="3">• 기호의 한 종류인 글자에 관심을 갖는다.
• 이름의 글자를 활용하여 나만의 독특한 디자인을 해본다.</td></tr>
<tr><td>활동 자료</td><td colspan="3">전각작품들, 도장, 작은 종이(원모양), 필기구, 색연필
</td></tr>
<tr><td>활동 내용</td><td colspan="3">1. 전각작품들을 소개한다
교사 : 이것이 무엇일까?
어떻게 만들어진 것일까? 어디에 쓸까?
왜 이름을 이렇게 만들었을까?
이름이 어떻게 다르게 쓰여져 있니? 이것과 저것의 다른 점은 무엇이니?

2. 이름을 자세히 살펴보고 글자의 모음 및 자음 등을 비교해 본다
교사 : 내 이름은 무엇일까? 이름을 써보자.
이름은 몇 글자로 되어 있니?
친구 이름과 내 이름에 들어 있는 글자를 비교해 보자. 같은 글자는 어느 자일까?
이름을 어떻게 놓고 쓰면 나만의 멋진 이름그림이 될까?
이름글자의 위치를 어떻게 바꿔 볼 수 있을까?
이름에 나오는 글자를 하나하나 떼어 보면 어떨까?

3. 이름을 재구성하여 디자인해 본다
교사 : 종이에 어떻게 이름을 쓰면 멋진 그림이 될까?
다른 이름들과 다르려면 어떻게 해야 할까?
○○이는 이름을 모음과 자음을 모두 떼어 연결해서 썼구나.
다른 친구들은 어떻게 새로 만들었니?
어떻게 썼니? 진하게(흐리게), 흘려서(또박또박)
무엇을 눈에 띄게 썼니? 무엇을 작게 썼니?
이 이름을 읽으려면 어떻게 해야 할 것 같니?(옆으로 밑으로)</td></tr>
</table>

활동 내용	4. 재구성한 이름 기호를 소개하는 시간을 갖는다 교사 : 이것은 누구의 이름그림일까? ○○이가 이 그림 속에 숨어 있는 네 이름에 대해 이야기해 주겠니? 어떤 방법으로 이름을 멋지게 꾸며 보았니? 어떻게 그림에서 이름을 찾을 수 있니? 이름을 새롭게 그림처럼 그려 보니 어떠니? 왜 이름을 다양하게 디자인해서 쓸까? (유아들이 만든 이름 디자인을 적절한 장소에 게시한다)
평 가	유아들은 항상 써오던 이름을 다시 보고 새로이 디자인해 보는 것을 신기해 하였고 집중력을 가지고 잘 참여하였다. 전각이름 감상 후 자신의 이름을 다시 디자인해 보게 하였는데, 유아의 특성에 따라 좋아하는 물건을 그리고 그 안에 이름을 넣거나 자음과 모음을 다 따로 쓰고, 아버지와 자신의 이름을 순서대로 섞어 쓰거나 풍선 안에 따로 글자를 넣어 암호같이 만드는 등 이름글자를 가지고 다양한 조형을 시도해 볼 수 있었다.

5) 교육활동안 : 활동의 예 5

<table>
<tr><td rowspan="2">활동명</td><td rowspan="2">색깃발 신호에 따라 조각이 되어 보자</td><td>대상 연령</td><td>만 4세</td></tr>
<tr><td>활동 영역</td><td>신체</td></tr>
<tr><td>교육 목표</td><td colspan="3">• 다양한 기호의 종류 중 하나인 동작 기호에 관심을 갖는다.
• 글자로 만든 조각을 감상하고 이와 연관하여 신체로 표현할 수 있다.</td></tr>
<tr><td>활동 자료</td><td colspan="3">글자로 만든 조각상 사진 자료, 컴퓨터, 빔프로젝터, 색깃발(빨강, 파랑, 금색, 검정), 음악 테이프, 카세트, 종
</td></tr>
<tr><td>활동 내용</td><td colspan="3">1. 글자로 만든 조각상을 감상한다
교사 : 이것이 무엇일까? 사람이 어떻게 하고 있는 것 같니?
이 조각들을 자세히 보자. 무엇으로 만들었을까?
왜 조각가는 여러 가지 글자로 조각을 만들었을까?
글자로 만든 조각을 보니 어떤 생각이 드니?
조각에 이름을 붙여 준다면 어떤 이름을 붙이면 좋을까?

2. 조각의 포즈를 따라해 보고 준비한 것을 소개한다
교사 : 저 조각을 따라해 보자. 지금 다리를 어떻게 하고 있니?
팔은, 얼굴은 어떻게 하고 있니? 목은 어떻게 되었니?
표정을 어떻게 하고 있니?
여기 색깃발 4가지가 있단다. 그리고 종이 있단다. 조각을 따라해 볼 텐데 이것들은 어디에 어떻게 쓰면 좋겠니?
깃발의 색과 조각의 포즈를 함께 정해 보자. 빨간 깃발은 어떤 조각을 나타내게 할까?
다른 깃발들도 조각과 하나씩 짝지워 보자.
종은 선생님이 신체표현의 시작과 끝을 알려 주기 위해 준비했단다. 종이 울리면 조각이 되어 보고 몸으로 표현하고 또 다시 종이 울리면 마무리하는 시간이라는 뜻이란다.
깃발 하나가 남는데, 이것을 어떻게 하는 것으로 정하면 좋겠니?</td></tr>
</table>

활동 내용	3. '조각이 되어 보자' 신체표현을 한다 교사 : 음악이 나오면 자유롭게 움직이다가 선생님이 벽에 빔프로젝터로 조각 사진을 보여 주면 그 조각을 따라해 보자. ○○이는 두 팔을 밑으로 내리고 목을 위로 올리고 무릎을 꿇었구나, 정말 조각 같다. 누가 정말 조각처럼 멋진 포즈를 멋지게 할 수 있는지 살펴보자. 이번에는 아까 우리가 정한대로 색깃발을 먼저 보여 주면 그것에 따라 조각의 포즈를 따라해 보자. 빨간색은 어떤 포즈였니? 파랑은? 금색은? 검은색은 어떻게 하기로 했니?(자유롭게 원하는 포즈 취하기, 휴식하기, 눈감고 눕기 등) (종을 쳐서 시작과 끝을 알려 시간의 흐름과 마무리할 수 있는 여유를 준다) 4. 조각이 되어 본 것에 대해 평가하고 이야기를 나눠 본다 교사 : 조각이 되어 보니 어땠니? 어떤 조각이 되는 것이 재미있었니? 어떤 조각의 포즈가 따라하기 어려웠니? 어려웠던 이유는 무엇이니? 어떤 친구가 조각처럼 멋진 자세를 보여 주었니? 어떤 색 깃발에 어떤 조각을 짝을 지었었니? 색깃발에 따라 조각이 되어 보니 어땠니? 다음에 또 조각이 되어 몸을 움직일 때는 어떻게 했으면 좋겠니?
평 가	조각의 포즈를 색깃발 기호로 정하고 몸으로 표현해 보는 시간을 통해 말로 하거나 길게 쓰는 것보다 서로 합의한 기호로 전달할 때의 편리함에 대해 확실하게 느낄 수 있었다. 유아들은 기호를 정해 그에 맞춰 움직이는 것을 매우 좋아하였고 교사가 활동을 그대로 소개하고 신체표현을 하거나 너무 자유로운 표현보다 몸을 움직이는 것에 대한 집중도가 높았으며 빨리 이해하고 몸을 적절히 움직일 수 있었다.

6) 교육활동안 : 활동의 예 6

<table>
<tr><td rowspan="2">활동명</td><td rowspan="2">글자로 조각작품을 만들어요</td><td>대상 연령</td><td>만 4세</td></tr>
<tr><td>활동 영역</td><td>조형</td></tr>
<tr><td>교육 목표</td><td colspan="3">• 기호의 한 종류인 글자에 관심을 갖는다.
• 글자를 활용하여 다양한 입체작품을 계획하고 구성할 수 있다.</td></tr>
<tr><td>활동 자료</td><td colspan="3">여러 가지 글자 예시 그림 자료, 지점토, 다양한 점토도구(긁개, 파개, 짜가, 자르개 등), 아크릴반구, 접착제, 통, 물감, 물, 물통
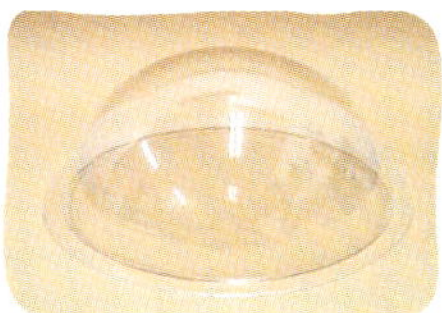   </td></tr>
<tr><td>활동 내용</td><td colspan="3">1. 글자로 만든 조각을 보며 어떻게 만들었을지 이야기 나눈다
교사 : 이 조각은 어떻게 만들었을까?
어떤 순서로 어떻게 조각을 만들었을까?
조각에 붙은, 조각을 이루는 글자 조각은 무엇으로 만들었을까?
어떻게 붙였을까?
왜 사람 모양으로 만들었을까?

2. 다양한 점토와 도구들을 소개하고 글자 조각을 만든다
교사 : 여기 점토 조각 자른 것들과 도구들이 있단다.
이것을 사용해서 글자 조각을 만들 수 있을까?
만들 수 있는 글자는 어떤 것이 있을까? 그림에서 찾아보자.
지점토로 어떻게 저 글자를 만들 수 있을까?
빨리, 잘 만들 수 있는 방법이 있으면 친구들에게 이야기해 주자.
글자를 지점토로 만들어 보니 어떠니?
어떤 글자가 만들기 쉽니? 어떤 글자가 만들기 좀 어려운 것 같니?
어디에 두면 글자 조각들이 잘 마를까?

3. 글자 조각으로 무엇을 만들지 구상한 후 팀별로 글자 조각작품을 만든다
교사 : 우리가 만든 글자 조각으로 어떤 조각작품을 만들면 좋을까?
이것(아크릴반구)을 보니 무엇처럼 생겼니?
이것(아크릴반구)에 글자 조각을 붙여 무엇을 만들고 싶니?
어떻게 붙이면 좋을까? 어떤 조각작품을 함께 만들면 좋겠니?
얼굴을 만들기로 한다면 어떤 글자 조각으로 눈, 코, 입, 귀를 만들면 좋을까?</td></tr>
</table>

활동 내용	얼굴에는 또 무엇이 있니?(눈썹, 콧구멍, 치아, 입술, 앞머리 등) 글자로 어떻게 만들면 좋을까? 완성된 글자 머리를 어떤 색으로 칠하고 싶니? 4. 만든 글자 머리 조각작품을 감상하고 이야기 나눈다 교사 : 이 조각을 만들기 위해 우리가 어떻게 준비해 왔니? 어떤 조각을 만들기로 하고 시작한 것이니? 만들어진 조각작품을 보니 어떠니? 어떤 점이 마음에 드니? 만들어진 조각작품에 이름을 무엇이라고 붙여 주고 싶니? 그 이유는 무엇이니? 만들 때 힘들었던 것은 무엇이니? 만들 때 재미있었던 것은 무엇이니? 완성된 글자 로봇 머리조각을 보니 무슨 생각이 드니? 이 조각을 교실 어디에 두면 좋겠니? 어떻게 사용하면 좋겠니?
평 가	글자로 만든 예술가의 조각작품을 감상하고 작품 제작원리를 생각해 보며 제작과정을 함께 해보았다. 입체적인 아크릴반구에 입체글자를 붙이는 것은 쉬운 작업이 아니었는데, 얼굴의 다양한 이목구비에 맞는 글자 모양을 찾아 내어 절묘하게 배치하였다. 만들어진 글자 조각은 글자 로봇 얼굴로 명명되어 유아들의 의견에 따라 타임머신에 하나 넣어 시간여행 친구가 되었고 교실 입구에 하나가 배치되었다.

7) 교육활동안 : 활동의 예 7

<table>
<tr><td>활동명</td><td>원시인의 그림 표시를 살펴봐요</td><td>대상 연령</td><td>만 4세</td></tr>
<tr><td></td><td></td><td>활동 영역</td><td>이야기 나누기</td></tr>
<tr><td>교육 목표</td><td colspan="3">• 기호의 역사에 관심을 가지고 원시인들의 기호에 대해 알아본다.
• 원시시대의 생활에 대해 알아보고 필요한 기호를 유추해 본다.</td></tr>
<tr><td>활동 자료</td><td colspan="3">프랑스 라스토 동굴 벽화 사진, 알타미라 동굴 벽화 사진, 그림책 《선사시대》, 다양한 필기구, 갱지, 파스텔, 가위
 </td></tr>
<tr><td>활동 내용</td><td colspan="3">1. 동굴 벽화를 소개하고 감상한다
교사 : 이것이 무엇일까? 어떤 그림인 것 같니?
이 그림들을 자세히 보자. 어디에 그린 것 같니?
왜 동굴 벽에 여러 동물들을 그려 넣었을까?
무엇으로 벽에 그림을 그려 넣을 수 있었을까?
누가 이런 그림을 그려 넣었을까?
그림을 보니 어떤 생각이 드니?
만약 네가 저 그림을 그리는 사람이랑 같이 있다면 무엇을 그렸을 것 같니?

2. 선사시대 생활 그림책을 소개하고 직접 동굴 벽화를 그려본다
교사 : 원시인들은 어디에 살았니? 무엇을 먹고 살았니? 무엇을 입었니?
원시인들과 함께 어떤 동물들이 살고 있었니?
원시인들은 동물들을 보며 어떤 생각을 했을까? 잡을 때는 어떻게 잡았을까?
내가 원시인이라면 동굴에 무엇을 그려 넣었을 것 같니?
원시인이 되어 동굴 벽에 그리고 싶은 것을 그려 넣어 보자.

3. 그린 그림의 전달 메시지에 대해 소개한다
교사 : ○○이는 무엇을 그렸니? 왜 그것을 그리고 싶었니?
다른 원시인이 네가 그린 그림을 보았을 때 어떻게 할 것 같니?
그 그림의 뜻이 무엇이니?</td></tr>
</table>

<table>
<tr>
<td>활동 내용</td>
<td>
○○이는 코끼리 여러 마리와 입과 손바닥을 그렸구나.
그림을 보면 숨을 쉬고 다섯 세는 동안 새로운 다른 것을 그려 넣으라는 표시라고 하는구나.
원시인은 어떤 그림 표시를 썼을까?
그때 필요했을 것 같은 표시를 그려 보자.
그린 표시를 소개해 보자.
(종을 쳐서 시작과 끝을 알려 시간의 흐름과 마무리할 수 있는 여유를 준다)

4. 유아들이 그린 다양한 원시의 그림 기호를 게시한다
교사 : 원시인들이 어떤 그림 기호를 사용했을 것 같니?
어떨 때 그림 기호를 사용했을까?
친구들이 만든 기호를 보자. 어떤 기호인지 설명해 줄 수 있겠니?
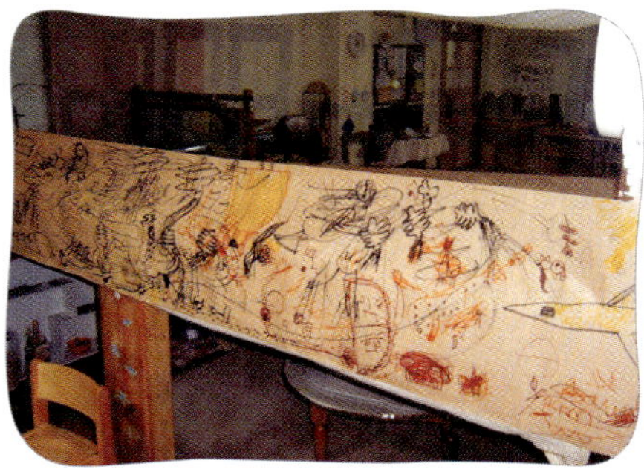
</td>
</tr>
<tr>
<td>평 가</td>
<td>유아들이 단순한 그림만 그리는 것이 아니라 그림에 어떤 메시지를 담고자 했기 때문에 그림을 그리고 그림에 메시지가 들어 있도록 생각하는 것을 격려하였다. 처음에는 동굴 벽화의 이미지를 단순한 그림 낙서장으로 생각했던 유아들은 그림을 자꾸 보고 직접 벽화처럼 그려보면서 원시인들이 무엇인가 생각하는 바를 전달하고 알리는 역할로써 동굴 벽화를 사용했음을 이해하였다.</td>
</tr>
</table>

8) 교육활동안 : 활동의 예 8

<table>
<tr><td rowspan="2">활동명</td><td rowspan="2">측정할 수 있는 기호를 만들어요</td><td>대상 연령</td><td>만 4세</td></tr>
<tr><td>활동 영역</td><td>과학</td></tr>
<tr><td>교육 목표</td><td colspan="3">• 다양한 기호의 종류 중 하나인 측정 기호에 관심을 갖는다.
• 물체의 다양한 상태에 대해 그림 기호를 만들어 볼 수 있다.</td></tr>
<tr><td>활동 자료</td><td colspan="3">다양한 가을 열매, 통, 균형판, 추, 저울, 기록지, 필기류
  </td></tr>
<tr><td>활동 내용</td><td colspan="3">1. 다양한 나무 열매들을 탐색한다
교사 : 이것이 무엇일까? 크기대로 놓아보자.
이 열매들의 무게는 얼마나 나갈까? 무거운 순으로 놓아보자.
열매를 저울에 재면 어떻게 될까?
어떻게 재면 정확하게 잴 수 있을까?

2. 저울에 무게를 재보고 실험한다
교사 : 양팔 저울은 어떻게 쓰는 것일까?
추를 어떻게 올려 놓아야 무게를 바르게 잴 수 있을까?(작은 것부터)
무게를 기록하려면 어떤 방법을 쓰는 것이 좋을까?
균형판은 어떻게 사용하는 것일까?
열매 무게만큼의 동전 개수를 어떻게 기록하면 좋을까?
어느 열매가 가장 무거웠니?
어느 열매가 가장 가벼웠니?
우리가 예상한 것과 어떻게 달랐니?

3. 무게를 재본 것을 기록할 방법을 생각해 본다
교사 : 무겁다와 가볍다를 어떻게 나타낼 수 있을까?
그림으로 만든다면 어떻게 그리면 좋을까?
무겁다/가볍다 외에 잴 수 있는 말로 무엇이 있을까?</td></tr>
</table>

활동 내용

4. 유아들이 창안한 측정 기호를 소개하고 게시한다

교사 : 가볍다/무겁다를 어떤 그림 기호로 만들었는지 함께 보자.
이 기호들을 복사해서 잘라두면 기록지에 붙여 사용할 수 있겠니?
누구의 것이 무겁다/가볍다를 가장 잘 나타내 주는 그림 기호가 될까?
무겁다/가볍다 말고 다른 상태(많다/적다, 두껍다/얇다, 누르다/펴다)에 대한 그림 기호도 만들어 보자.
누가 만든 기호를 친구들에게 소개할 수 있겠니?

무겁다	가볍다	길 다	짧 다

두껍다	얇 다	많 다	적 다
	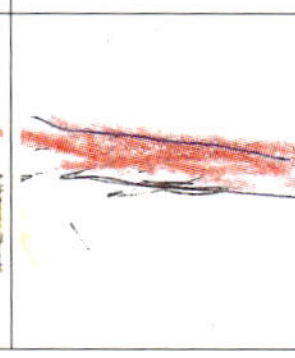	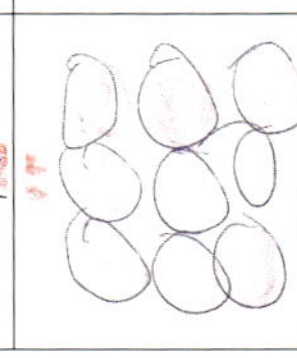	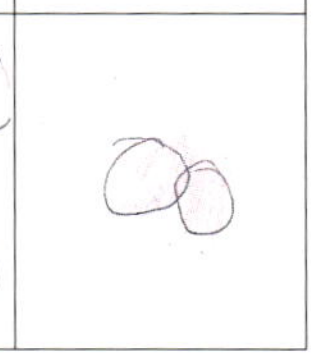

평 가

유아들이 이해하고 있는 무게나 길이에 대한 개념들이 다양한 물건을 차용하거나 이미지나 점, 선, 면 등을 사용하여 유아들이 만든 기호에 그대로 나타났다. 마치 상형문자처럼 그림으로 그 상태를 나타내는 기호도 보였다. 이렇게 만들어진 측정 기호는 유아들이 직접 실험을 할 때 상태를 나타내는 그림 기호로 실험지에 사용되었다.

9) 교육활동안 : 활동의 예 9

<table>
<tr><td rowspan="2">활동명</td><td rowspan="2">이집트 사람들의 멋진 기호들</td><td>대상 연령</td><td>만 4세</td></tr>
<tr><td>활동 영역</td><td>조작</td></tr>
<tr><td>교육 목표</td><td colspan="3">• 기호의 종류인 상형문자에 관심을 가진다.
• 상형문자의 의미를 알고 이름을 상형문자로 배열해 볼 수 있다.</td></tr>
<tr><td>활동 자료</td><td colspan="3">이집트 상형문자 알파벳 기호판, 반 유아들의 영문 이름 명단
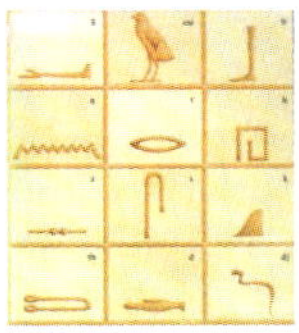 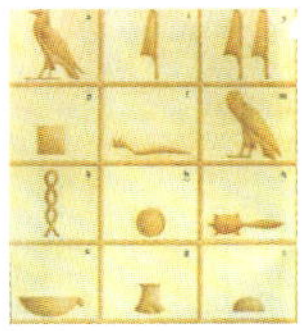 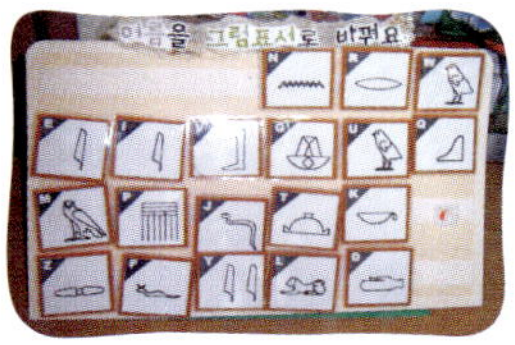 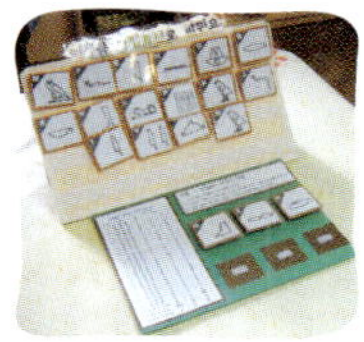</td></tr>
<tr><td>활동 내용</td><td colspan="3">1. 이집트 상형문자판을 소개하고 감상한다
교사 : 이것이 무엇일까? 어떤 그림인 것 같니?
이 그림들을 자세히 보자. 무엇이 있니?
이 그림은 이집트 사람들이 쓰던 글자란다. 이집트 사람들은 그림으로 글자를 썼단다.
(예를 들어) 순서대로 어떤 그림이 있는지 보자.
이 그림은 어떤 뜻을 담고 있을까?
왜 그렇게 생각했는지 말해 주겠니?

2. 상형문자판을 소개한다
교사 : 이 그림은 어떤 글자를 나타낼까?
우리 반 친구들의 이름 첫 글자를 모아 놓은 것을 보자. 누구 이름이 궁금하니?
내 이름은 어떤 글자로 되어 있을까?
내 이름글자를 상형문자판에서 찾아 보니 어떤 그림이니?

3. 교구를 사용하여 이름의 글자를 이집트 문자에 맞춰 본다
교사 : ○○이의 이름 첫글자를 이집트글자판에서 찾아보자.
이름 첫글자가 이집트 문자그림으로 무엇이니?
세 글자를 모두 찾아 보자. 순서대로 어떤 그림이 나오니?
(독수리, 칼, 그릇, 전기, 사자, 병아리 등의 그림)
유아 : 내 이름은 KJE니까 그림으로는 찻잔, 긴 꼬리 뱀, 서 있는 칼이야.
내 이름은 UHJ니까 그림으로는 병아리, 지그재그, 긴 꼬리 뱀이야.
네 이름은 LJ니까 사자, 긴 꼬리 뱀이야.</td></tr>
</table>

활동 내용	선생님, 영어로 달걀이 EGG인데요. 그러면 긴 칼, 긴 칼, 그릇모자 모양이 돼요. 4. 이름을 이집트문자로 표시할 수 있는 것에 대해 이야기를 나눠 본다 교사 : 이집트문자그림에는 어떤 것들이 있었니? 우리가 그것을 사용해서 이름 첫 글자를 어떻게 바꿀 수 있었니? 이름을 바꿔 보았더니 어떤 그림들이 나왔니? 다른 친구의 이름을 이집트 문자로 바꿔 본다면 어떨까? 이름을 그림으로 바꿀 수 있다는 것을 알았을 때 어땠니? 이집트 사람들이 쓴 그림문자에 대해 어떤 생각이 드니? 판에 있는 그림문자들로 이름 말고 또 무엇을 나타내게 할 수 있을까?
평 가	유아들은 자신의 이름 석자의 영어 첫 자가 어떤 그림문자로 나타날 수 있는지 크게 관심을 가지고 찾아 보았고 친구의 이름도 대입하여 맞춰 보았다. 이를 통해 단순한 그림이 아니라 글자를 대체할 수 있는 매개체로써의 상형문자의 가치를 자연스럽게 알 수 있었고 가깝게는 자신의 이름을 다양한 사물의 그림으로 표현할 수 있음을 재미있어 하였다.

10) 교육활동안 : 활동의 예 10

<table>
<tr><td rowspan="2">활동명</td><td rowspan="2">이집트 그림글자에 멋진 동작을 붙여보자</td><td>대상 연령</td><td>만 4세</td></tr>
<tr><td>활동 영역</td><td>표현</td></tr>
<tr><td>교육 목표</td><td colspan="3">• 기호의 모양에 관심을 가지고 살펴본다.
• 기호의 특성을 살려 몸으로 표현해 볼 수 있다.</td></tr>
<tr><td>활동 자료</td><td colspan="3">이집트 그림문자 확대 그림, 종, CD, CD 플레이어
 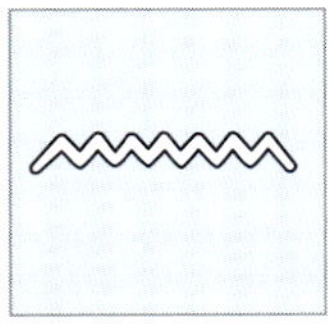  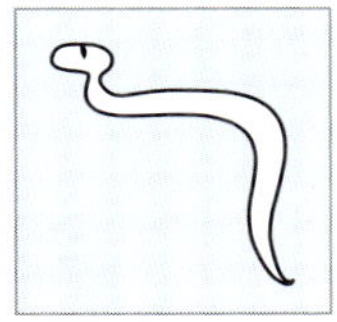</td></tr>
<tr><td>활동 내용</td><td colspan="3">1. 이집트 문자 중 4~5가지를 확대한 그림을 소개한다
교사 : 이것이 무엇일까? 어떤 그림인 것 같니?
이 그림은 어떤 뜻을 담고 있을까?
왜 그렇게 생각했는지 말해 주겠니?
만약에 이 그림글자 하나를 몸으로 표현한다면 어떻게 하면 좋을까?
팔이나 다리를 어떻게 움직이는 것이 좋겠니?

2. 그림글자에 맞춰 다양한 동작을 만들어 본다
교사 : 이 그림에 어울리는 동작은 어떤 것이 있을까?
손을 어떻게 움직이는 것이 좋을까? 발을 어떻게 움직이는 것이 좋을까?
자세를 어떻게 하는 것이 좋을까? (낮추거나 서거나 걷거나 점프하거나 등)
이 그림글자에 이름을 붙여 보자(병아리, 전기선, 사자, 뱀).
병아리 그림문자가 나오면 어떻게 몸을 움직이면 될까?
전기선 그림문자가 나오면 어떻게 몸을 움직이면 될까?
사자 그림문자가 나오면 어떻게 몸을 움직이면 될까?
뱀 그림문자가 나오면 어떻게 몸을 움직이면 될까?

3. 정해진 동작을 연습해 보고 음악에 맞춰 몸을 움직여 본다
교사 : 각각 그림문자가 나오면 어떻게 몸을 움직이기로 했니?
(동작을 취할 때 구체적으로 어떤 동작을 하고 있는지 계속해서 이야기해 준다)
○○이가 움직이는 것을 보자. ○○이는 팔을 쭉 펴고 한 쪽 다리를 들고 빙빙 돌고 있구나.</td></tr>
</table>

활동 내용	(음악에 맞춰 자유롭게 포즈를 취하다가 그림문자가 차례로 나오면 다양한 동작을 해본다) (음악이 멈추면 잠시 쉬고 호흡을 고른다) 4. 기호를 몸으로 표현해 본 것에 대해 이야기를 나눠 본다 교사 : 오늘 어떤 기호를 가지고 신체표현을 해보았니? 그림 기호에 우리가 어떤 이름을 붙여 주었니? 각각의 기호에 어떻게 몸을 움직이기로 했었니? 함께 동작을 정하고 기호에 맞춰 몸을 움직여 보니 어떠니? 어떤 친구가 우리에게 멋진 동작을 보여 주었니? 우리가 생각했던 동작 외에 또 다르게 몸을 움직여 볼 수 있을까? 어떻게 움직일 수 있는지 보여 주겠니? 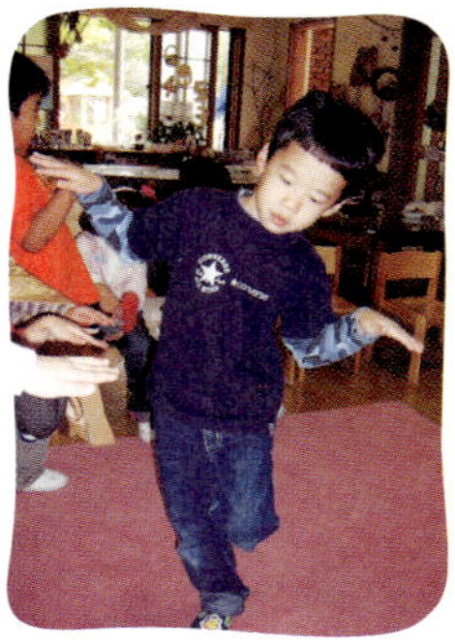 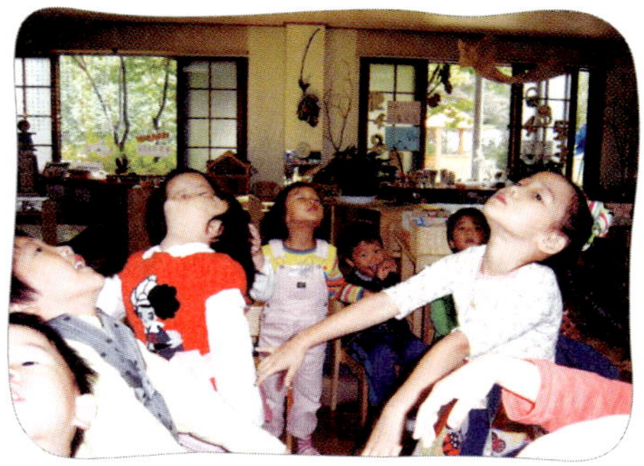
평 가	다양한 동작을 정해진 기호를 보고 취하는 것이라 유아들의 순발력도 볼 수 있었다. 보는 유아들도 즐거워하며 동작을 해보거나 감상하였다. 유아들이 다양하게 포즈를 취해보면서 동작과 기호를 매치시켜 하는 활동을 무척 즐거워하여 동작 기호에 대한 유아들의 기대감이 크다는 것을 알 수 있었다. 꼭 안전이나 편리를 위한 기호만을 알아볼 것이 아니라 유아들이 움직이는 즐거움을 느낄 수 있는 동작과 관련된 기호를 정해 표현해 보는 것은 교육적으로 가치 있는 것 같다.

11) 교육활동안 : 활동의 예 11

<table>
<tr><td rowspan="2">활동명</td><td rowspan="2">옛날 사람들처럼 없어지지 않는 기호판을 만들어요</td><td>대상 연령</td><td>만 4세</td></tr>
<tr><td>활동 영역</td><td>조형</td></tr>
<tr><td>교육 목표</td><td colspan="3">• 다양한 기호의 종류와 형태에 관심을 갖는다.
• 아연판의 특성을 살려 다양한 기호를 표현해 볼 수 있다.</td></tr>
<tr><td>활동 자료</td><td colspan="3">아연판, 파는 도구, 부식액, 부식액을 바를 롤러, 그릇, 다양한 기호 모음 그림, 매직
  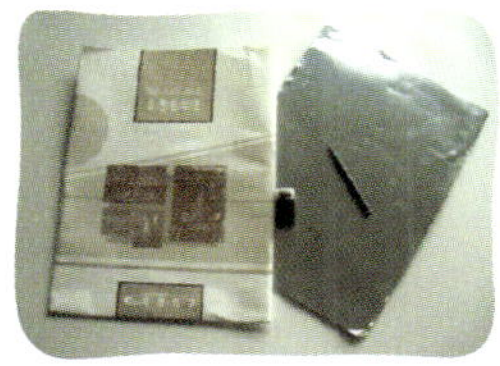</td></tr>
<tr><td>활동 내용</td><td colspan="3">1. 다양한 기호판 그림 자료를 소개한다
교사 : 이것이 무엇일까? 어떤 그림인 것 같니?
이 그림들을 자세히 보자. 무엇이 있니?
(생활 기호, 감정 기호, 이집트 기호, 한글 등)
이 기호는 어떤 뜻일까?
왜 그렇게 생각했는지 말해 주겠니?

2. 아연판과 도구의 사용법을 소개한다
교사 : 우리가 전에 어디에 기호를 그려 봤지?
종이나 천, 찰흙에 그린 기호는 시간이 지나면 어떻게 될 것 같다고 했니?
오랫동안 기호들을 보기 위해서 옛날 사람들은 어디에 기호를 그렸니?
(훈민정음 목판본, 금속활자 등 목판과 금속판 그림 자료 감상하기)
이 재료는 아연판이란다. 여기에 우선 내가 알고 있는 기호들을 매직으로 그리고 나서 이것으로(판에 요철을 주어 파는 도구) 그린 것을 따라 눌러 보자.
어떻게 되었니? 왜 그렇게 되었을까?

3. 아연판에 다양한 기호들을 새겨 본다
교사 : 우리가 알아 보았던 기호 중에 원하는 것을 아연판에 새겨 넣어 보자.
어떻게 하면 잘 새겨지니?
(적당한 힘을 주고 연필처럼 써서 천천히 눌러 요철을 표현한다)</td></tr>
</table>

<table>
<tr><td>활동 내용</td><td>친구들이 어떤 기호를 새겨 보았는지 살펴보자. ○○이는 어떤 기호를 넣었니?
이것은 부식액이라는 거란다. 물감처럼 아연판에 바르면 새겨 넣은 것이 잘 지워지지 않게 해주고 정말 금속판처럼 보이게 해주는 거란다.
(롤러, 붓 등으로 부식액을 발라 완성한다)
4. 완성된 작품에 대해 이야기 나눈다
교사 : 우리가 알고 있는 기호들에는 어떤 것들이 있었니?
오랫동안 없어지지 않는 기호판을 만들기 위해 어떤 생각을 했었니?
아연판에 기호를 새겨 보니 어떠니? 어떤 점이 어려웠니?
다른 친구의 기호판에는 어떤 기호들이 있는지 살펴보자.
다양한 기호를 금속판에 모아 놓은 것을 보니 어떠니?
옛날 사람들이 쓴 기호를 우리가 지금 어떻게 볼 수 있는 것일까?
옛날 사람들은 어떤 방법으로 기호를 남겼을까?
(돌벽, 금속활자판, 거북껍질 등에 대해 이야기 나눈다)
</td></tr>
<tr><td>평 가</td><td>금속판을 파내면서 유아들이 혼자 하기에 힘들어 도움이 필요한 곡선 부분은 교사의 도움을 받았다. 긁어 낸 후 약품을 발랐는데, 판이 쇠의 느낌이 나면서 훨씬 생동감 있고 아름다웠다. 칠한 후 금속판의 특성을 살려 살짝 구겨 볼 것을 제안하였는데, 유아들이 자유 방향으로 살짝 구기자 훨씬 금속판다운 느낌이 살았다. 완성된 금속 기호판을 보며 알고 있는 글자나 숫자, 그림 기호 등을 서로의 작품에서 찾아보았다. 옛 사람들이 어떻게 기호를 오랜 기간 보존하여 현재 사람들이 볼 수 있었는지 그 방법에 대해서도 생각해 볼 수 있는 시간이 되었다.</td></tr>
</table>

참고문헌

김헌동 · 선대인 저(2005). 이집트 상형문자 읽기와 쓰기. 궁리출판사.

데이빗 크로우 저, 박영원 역(2006). 기호학으로 읽는 시각 디자인. 안그라픽스.

뤽 브노와 저, 박지구 역(2006). 기호 · 상징 · 신화. 경북대학교 출판부.

브리지트 맥더모트(2005). 파라오의 비밀문자. 예경.

임재택 외(2001). 선생님 세시풍속이 뭐예요?. 양서원.

조윤성(2006). 일상적 기호에 대한 회화적 접근. 조선대학교 대학원 박사학위논문.

홍미애(2004). 기호학적 관점에 의한 초등학교 미술감상교육 모형 개발과 효과분석. 홍익대학교 대학원 박사학위논문.

연구진

최석란
University of Illinois at Urbana-Champaign, 유아교육전공(철학박사)
서울여자대학교 인간개발학부 아동학 전공 교수
서울여자대학교 부속유치원 원장

이현옥
서울여자대학교 대학원 유아교육전공(박사수료)
서울여자대학교 부속유치원 원감
서울여자대학교 아동학과 강사

손지현
서울여자대학교 부속유치원 주임교사

손여민
서울여자대학교 부속유치원 교사

정은주
서울여자대학교 부속유치원 교사

남상지
서울여자대학교 부속유치원 교사

김소리
서울여자대학교 부속유치원 교사

교육활동 프로그램 02

생각을 전하는 기호

2008년 9월 25일 초판 인쇄
2008년 9월 30일 초판 발행

지은이 서울여자대학교 부속유치원
펴낸이 류제동
펴낸곳 (주)교문사

책임편집 강선혜
본문디자인 아트미디어
표지디자인 반미현
제작 김선형
영업 김재광 · 정용섭 · 송기윤

출력 아트미디어
인쇄 동화인쇄
제본 대영제책사

우편번호 413-756
주소 경기도 파주시 교하읍 문발리 출판문화정보산업단지 536-2
전화 031-955-6111(代)
FAX 031-955-0955
등록 1960. 10. 28. 제406-2006-000035호

홈페이지 www.kyomunsa.co.kr
E-mail webmaster@kyomunsa.co.kr
ISBN 978-89-363-0932-9 (93370)
ISBN 978-89-363-0930-5 (93370) (전 5권)

값 12,000원